工业大数据赋能制造业高质量发展

刘平峰　张　旺　著

電子工業出版社
Publishing House of Electronics Industry
北京 · BEIJING

内容简介

本书面向制造业高质量发展的重大需求，融合生产要素理论、技术创新理论、产业融合理论和数据赋能理论，探索工业大数据赋能范式，解析工业大数据赋能机理，提出赋能路径和对策建议，助力中国制造业迈向世界制造强国前列。全书共 6 章，分别为工业大数据与制造业高质量发展概述、制造业高质量发展的内涵与测度、工业大数据赋能制造业高质量发展机理、基于数据要素视角——工业大数据赋能制造业高质量发展的实证研究、基于数字技术视角——工业大数据赋能制造业高质量发展的实证研究、提升工业大数据赋能制造业高质量发展的对策建议。

本书适合高等学校数字经济、电子商务等专业的本科生和研究生阅读，也可供主管数字经济发展的政府工作人员和关心制造业数字化发展的社会人士参考。

图书在版编目（CIP）数据

工业大数据赋能制造业高质量发展 / 刘平峰, 张旺著. -- 北京 : 电子工业出版社, 2024. 11. -- ISBN 978-7-121-49315-7

Ⅰ. F426.4

中国国家版本馆 CIP 数据核字第 2024YL8146 号

责任编辑：王二华　　文字编辑：赵　娜
印　　刷：北京虎彩文化传播有限公司
装　　订：北京虎彩文化传播有限公司
出版发行：电子工业出版社
　　　　　北京市海淀区万寿路 173 信箱　　邮编：100036
开　　本：700×1000　1/16　印张：8.25　　字数：158.4 千字
版　　次：2024 年 11 月第 1 版
印　　次：2025 年 1 月第 2 次印刷
定　　价：59.00 元

凡所购买电子工业出版社图书有缺损问题，请向购买书店调换。若书店售缺，请与本社发行部联系，联系及邮购电话：(010)88254888，88258888。

质量投诉请发邮件至 zlts@phei.com.cn，盗版侵权举报请发邮件至 dbqq@phei.com.cn。

本书咨询联系方式：(010)88254532。

前　言

经济高质量发展是当前乃至今后一段时期国家宏观调控和政策制定的指导思想，而制造业作为实体经济主体，是立国之本、兴国之器和强国之基。制造业高质量发展作为推动经济高质量发展的重要引擎，为中国制造业转型升级指明了方向。在制造业高质量发展的战略背景下，工业大数据兼具数据要素和数字技术双重属性，具备高端要素和技术革命双重优势，是制造业嵌入世界竞争格局和破除来自“双向挤压”困局的重要战略资源。由于工业大数据具有强融合性和流动性，制造业需要工业大数据介入，数据要素和数字技术是数字化新时代制造业的核心元件，因此将工业大数据与制造业深度融合能够使价值空间无限延伸。

但是，目前关于工业大数据与制造业融合的研究十分匮乏。关于工业大数据与制造业高质量发展研究的不足之处主要体现在以下方面：①工业大数据是工业互联网和智能制造的核心，对制造业高质量发展具有显著的驱动效应，但对于工业大数据度量的研究未见报道，工业大数据指标体系的研究有待拓展。②部分学者对制造业高质量发展的评价体系进行了初步探索，以评价指标为主，从五维到七维不等，涉及生态环境、能源消耗和结构优化等，但对制造业高质量发展概念、评价指标体系并未形成共识。③工业大数据对制造业高质量发展具有显著的促进作用，但目前对工业大数据赋能制造业高质量发展范式、工业大数据赋能制造业高质量发展机理缺乏系统性研究。

制造业高质量发展是一个综括性概念，而工业大数据既是生产要素又是技术，如何实现工业大数据对制造业高质量发展精准赋能？目前，中国数据要素市场尚未充分形成，急需培育壮大；数字技术经济范式尚未成熟，需要演化进阶；工业大数据共享水平、利用率和制造业高质量发展进程仍在初期阶段。如何发挥政府和市场双重优势，设计工业大数据赋能制造业高质量发展的路径，提出相应对策等问题都亟待解决。因此，本书在教育部人文社科基金项目“面向制造业企业创新发展的工业大数据赋能机理与路径研究”（项目编号：19YJA790057）的资助下，面向制造业高质量发展的重大需求，坚持以工业大数据价值需求为导向，把握国内外关于工业大数据、生产要素和技术创新等相关理论动态，融合生产要素理论、技术创新理论、产业融合理论和数据赋能理论，深度剖析工业大数据赋能制造业高质量发展的现实逻辑和理论机理，以期助力中国制造业迈进世界制造强国前列。本书的主要内容与成果包括以下方面。

(1)阐释制造业高质量发展内涵，构建制造业高质量发展指标体系。高质量发展是一个综括性概念，随着时代背景的变化，其内涵不断深化，涵盖高质量发展的理念、精神和指导思想。制造业高质量发展是质量变革、效率变革和动力变革的统一体，强调制造业整体实力要达到高质量发展目标，具有相对性、复杂性和多维性。从纵向维度看，制造业高质量发展可以分解为产业结构优化升级、制造模式数据驱动和生产要素高效协同三个维度。从横向维度看，制造业高质量发展可以分解为数字创新驱动、速度效益提升、要素效应升华、产业结构高端发展、品牌品质提升、绿色发展推进及融合发展深化七个维度。基于制造业高质量发展维度分解，构建适合中国国情的制造业高质量发展多维评价指标体系，采用熵权法测度中国各省市制造业高质量发展水平及增长速率，进而提出中国制造业高质量发展的提升路径。

(2)提出工业大数据赋能范式，揭示工业数字经济、工业互联网和智能制造的赋能效应传导机理。工业大数据兼具数据要素和数字技术双重属性，通过形成大规模技术革命催生数字技术经济范式，进而衍生出工业大数据赋能范式：数据要素型赋能范式和数字技术型赋能范式。数据要素型赋能范式具有融合性、解耦性和敏捷性，数字技术型赋能范式具有结合性、寻址性、延展性和颠覆性，两种范式融合能够形成协同组合型赋能范式。要想工业大数据实现赋能增值效应，必须通过工业数字经济、工业互联网和智能制造等赋能中介进行辐射扩散。赋能中介能够实现制造业产业结构优化升级、制造模式数据驱动和生产要素高效协同，最终实现制造业高质量发展向高层次进阶。

(3)基于工业大数据赋能范式的不同特点，分别从数据要素和数字技术视角，开展工业大数据赋能机理实证研究。①数据要素视角，结合省际面板数据，实证分析工业大数据促进制造业高质量发展的直接效应，以及通过技术要素、资本要素和劳动要素产生的中介效应。通过哈肯模型对制造业高质量发展的不同阶段主导生产要素进行序参量识别，发现制造业高质量发展由第一阶段的资本要素驱动转为第二阶段的技术要素驱动，且两个阶段仍由单一要素驱动，并未出现多要素协同驱动的现象，数据要素尚未成为制造业高质量发展的核心驱动要素。②数字技术视角，运用制造业细分行业面板数据，紧扣数字技术重构生产要素体系特征，从数字技术是生产要素赋能型技术切入，拓展数字技术为资本赋能型技术和劳动赋能型技术，引入 CES 生产函数，推演全要素生产率(Total Factor Productivity，TFP)增长公式。研究发现，数字技术通过资本赋能技术和劳动赋能技术两条路径进入生产过程，并与传统生产要素形成相互赋能系统，直接促进 TFP 增长。

本书由刘平峰教授和张旺博士合作完成，刘平峰教授负责全书写作大纲的拟定、研究逻辑制定、研究过程实施与全书定稿，张旺博士负责全书具体内容的撰写。

在撰写过程中，本书引用了许多国内外同行专家的相关研究成果，同时得到了相关院校的同行和相关部门的大力支持与帮助，特别是武汉理工大学经济学院的老师和研究生们，对本书的撰写提出了许多宝贵建议，在此一并表示感谢。感谢李雪和饶婉莹两位博士生，她们在成稿过程中负责校对和修改工作。

作　者

2024 年 8 月

目　录

第 1 章　工业大数据与制造业高质量发展概述 …… 001

1.1　相关概念界定与辨析 …… 001

1.1.1　工业大数据的相关概念 …… 001

1.1.2　制造业高质量发展的相关概念 …… 003

1.1.3　概念辨析 …… 005

1.2　国内外研究现状 …… 006

1.2.1　工业大数据研究现状 …… 006

1.2.2　制造业转型升级研究现状 …… 008

1.2.3　制造业高质量发展研究现状 …… 010

1.2.4　文献述评 …… 013

1.3　理论基础 …… 015

1.3.1　生产要素理论 …… 015

1.3.2　技术创新理论 …… 019

1.3.3　产业融合理论 …… 021

1.3.4　理论启示 …… 023

1.4　本章小结 …… 024

第 2 章　制造业高质量发展的内涵与测度 …… 026

2.1　制造业高质量发展的内涵与指标体系构建 …… 026

2.1.1　制造业高质量发展的内涵 …… 026

2.1.2　制造业高质量发展的指标体系构建 …… 028

2.2　制造业高质量发展水平测度 …… 030

2.2.1　测度方法 …… 030

2.2.2　测度结果 …… 031

2.2.3　区域差异性 …… 032

2.3　制造业高质量发展的影响因素 …… 034

2.4　本章小结 …… 035

第 3 章　工业大数据赋能制造业高质量发展机理 …… 036
3.1　工业大数据典型案例导入 …… 036
3.1.1　区域案例导入 …… 036
3.1.2　企业案例导入 …… 037
3.1.3　场景案例导入 …… 038
3.1.4　案例启示 …… 039
3.2　工业大数据价值孵化 …… 041
3.2.1　价值孕育 …… 041
3.2.2　价值萌发 …… 042
3.2.3　价值膨胀 …… 042
3.2.4　价值突破 …… 043
3.3　工业大数据赋能支撑技术 …… 043
3.3.1　工业大数据采集技术 …… 043
3.3.2　工业大数据存储与安全技术 …… 044
3.3.3　工业大数据分析技术 …… 045
3.4　工业大数据赋能范式衍生 …… 046
3.4.1　数字技术经济范式分析 …… 046
3.4.2　数据要素型赋能范式 …… 049
3.4.3　数字技术型赋能范式 …… 051
3.4.4　范式总结 …… 052
3.5　工业大数据赋能动态分析 …… 053
3.5.1　工业大数据赋能效应形成 …… 053
3.5.2　工业大数据赋能效应传导 …… 054
3.5.3　工业大数据赋能效应运作 …… 058
3.6　本章小结 …… 059

第 4 章　基于数据要素视角——工业大数据赋能制造业高质量发展的实证研究 …… 060
4.1　数据要素的属性与作用 …… 060
4.1.1　数据要素的属性 …… 060
4.1.2　数据要素的作用 …… 062
4.2　研究设计 …… 063
4.2.1　模型构建 …… 063

4.2.2 指标定义与变量设定……064
4.2.3 数据说明及描述性统计……066
4.3 实证分析……069
4.3.1 基本模型回归结果……069
4.3.2 中介效应检验……070
4.3.3 稳健性检验……071
4.4 演化序参量识别……072
4.4.1 哈肯模型介绍……072
4.4.2 分时段序参量识别……073
4.4.3 演化结果分析……077
4.5 优化路径……078
4.6 本章小结……079

第 5 章 基于数字技术视角——工业大数据赋能制造业高质量发展的实证研究……081
5.1 数字技术的属性与作用……081
5.1.1 数字技术的属性……081
5.1.2 数字技术的作用……083
5.1.3 简要述评……084
5.2 研究设计……084
5.2.1 数理模型推演……084
5.2.2 参数估计方法……087
5.2.3 变量设定及数据说明……089
5.3 实证分析……091
5.3.1 参数估计分析……091
5.3.2 全要素生产率增长率分解……092
5.3.3 稳健性检验……094
5.4 优化路径……095
5.5 本章小结……096

第 6 章 提升工业大数据赋能制造业高质量发展的对策建议……097
6.1 分类路径……097
6.1.1 类型划分……097
6.1.2 路径选择……099

6.2 对策建议 …… 100
6.2.1 夯实制造业数字基础设施，提升供应链基础能力 …… 100
6.2.2 加快制造业数字革新进度，提升产业链运行效率 …… 101
6.2.3 健全数据要素基础性制度，培育壮大数据要素市场 …… 102
6.2.4 完善保障体系和监管体系，驱动制造业高质量发展 …… 103
6.3 本章小结 …… 104
参考文献 …… 105
后记 …… 120

第1章

工业大数据与制造业高质量发展概述

1.1 相关概念界定与辨析

1.1.1 工业大数据的相关概念

1.1.1.1 大数据的内涵与特征

1980年，美国知名未来学家Alvin Toffler发表了著作《第三次浪潮》。在这本经典之作中，大数据(Big Data)被首次提出，并被誉为“第三次浪潮的华彩乐章”。然而，接下来的近20年，受科学技术和计算机运算能力所限，大数据概念仅仅停留在公众想象的层面，并无实质性价值。直到1997年，美国国家航空航天局(NASA)的两位研究员Michael Cox和David Ellsworth (1997)在学术论文中首次引入大数据一词，并简要阐述了大数据的概念，大数据研究才开始崭露头角。1998年，美国硅图公司(SGI)前首席科学家John Mashey结合科学技术，将大数据表述为企业拥有的规模庞大且不断增长的数据，并强调这些数据难以使用现有技术进行存储和分析。进入21世纪后，随着计算机快速发展和互联网迅速兴起，大数据一词再次成为实业界和学术界讨论的热点。2008年和2011年，国际两大顶级期刊*Nature*和*Science*先后针对大数据推出专刊，从多个领域详细分析了大数据带来的机遇和挑战，从此，在全球范围内掀起了大数据的研究浪潮。时至今日，大数据概念已经深度融入社会的各个方面，逐渐形成了大数据思想、大数据视角与大数据背景等关键分析维度。

大数据的概念在学术界并未形成共识，其解释存在狭义和广义之分。从狭义层面看，涂子沛(2013)认为，大数据是指数据量非常大，以至于现有技术工具难以提取、存储、管理和分析的数据。Floridi(2012)则认为大数据是指具有异质性、复杂性和多样性的海量数据。这让人们产生疑问，究竟量(规模)达到何种程度的数据才能被称为大数据？根据涂子沛(2013)的观点，当数据的量达到太字节(2^{40})后便可称其为大数据。麦肯锡公司认为并不需要对大数据的数据量设置明确的界限，因为随着科技不断发展，这个标准也可能发生变化。始终不变的是，无论科学技术如何发展，人类总会遇到当前技术难以处理的庞大数据。从广义层面看，大数据被视为一种认知观念。人类借助大数据观察世界、审视问题，并以大数据的视角寻求问题的答案，这体现出一种大数据的思维方式。

学术界对于大数据特征的研究相对较为成熟。例如，在 2001 年，META Group(麦塔集团，现为高德纳公司)的数据分析师 Doug Laney(道格·莱尼)在其研究报告《3D 数据管理：控制数量、速度及种类》中详细说明了大数据的三大特征，包括高速度 (Velocity)、大体量 (Volume)和多样性(Variety)，统称为“3V”特征。随后，META Group 在分析大数据时意识到大数据价值的重要性，便在“3V”特征的基础上增加了一个新的特征——高价值(Value)。大数据的“4V”特征从此被确立，并沿用至今。

1.1.1.2　制造业大数据的内涵

随着制造技术的不断提升与现代化管理手段的广泛应用，整个制造业生产过程所依赖的数据越来越多，这些数据被称为制造业大数据。不过，学术界对制造业大数据内涵的研究并未达成共识。Wan(2017)认为，制造业大数据是设备数据、产品数据及需求数据的总和；Mourtzis(2016)则认为制造业大数据还应该包括信息知识。徐颖和李莉(2018)将制造业大数据视为实现智能制造而产生的海量数据，将其归为智能制造的附属品。张洁(2016)认为，制造业大数据是工业设备产生、采集和处理的一系列数据，具备桥梁型生产要素特性。根据制造业企业体系结构的划分，制造业大数据主要来源包括产品大数据、价值链大数据、运营大数据和外部大数据。

1.1.1.3　工业大数据的内涵

工业大数据的概念由美国通用电气公司(简称“GE”)在 2012 年的工业互联网白皮书《工业互联网：突破智慧和机器的界限》中正式提出。就内涵而言，工业大数据和大数据相似，分为狭义和广义两个层面。在狭义层面上，工业大数据是在工业领域中，以智能制造模式为中心，从客户实际需求到产品全生命周期各环节所产生的数据、相关技术和应用的总称(郑树泉等，2017)。狭义层

面的工业大数据与制造业大数据在内涵上十分相似，高度重合。在广义层面上，工业大数据包括工业领域生产服务全环节数据集合及与之相关的全部技术和应用。无论从狭义层面还是从广义层面看，均强调工业大数据除具有“数据”内涵外，还具有“技术与应用”内涵。刘怀兰等(2019)认为，工业大数据包括三大部分，即来源、技术及应用。王建民(2016)根据来源将工业大数据分为三类：物联网大数据、企业信息化大数据和跨界融合型大数据，并指出可以通过数字技术直观判断工业大数据的类型。可见，工业大数据是一个比制造业大数据更为宽泛的概念，除拥有制造业大数据的一般特征外，还具有工业大数据技术及应用的特征。

1.1.2　制造业高质量发展的相关概念

1.1.2.1　经济增长质量的内涵

学术界对经济增长质量的研究比较早，且已形成丰硕的学术成果。学术界对经济增长质量内涵的界定，主要存在狭义和广义两种观点。狭义的观点将经济增长质量等同于经济增长效率，常借助 TFP 进行度量，如 Chow 等(2002)使用 TFP 作为衡量经济增长质量的单一指标，任保平等(2012)根据 TFP 贡献度来衡量经济增长质量。但部分学者认为，仅以 TFP 对经济增长质量进行判断，具有一定的局限性，包括低估资本积累的重要性，不能全面反映资源配置状况等(郑玉歆，2007)。广义的观点将经济增长质量看成相对于经济增长数量的一个范畴，认为其内涵极为丰富和宽泛(Barro，2002)。学者们常采用多维度评价指标体系对其进行度量，如钞小静和惠康(2009)分别从资源利用率、经济增长结构、生态环境污染程度和经济增长稳定程度四个方面，构建经济增长质量评价指标体系；李斌和刘苹(2012)提出经济增长质量应该兼顾生态环境、经济增长和经济结构等多个维度；魏婕和任保平(2012)认为，经济增长质量还应该考虑社会福利、国民文化素质等因素。可见，广义观点下的经济增长质量是一个相对概念，在对其进行衡量时，既要考虑经济增长数量，又要兼顾生态环境、效率与效益、社会福利和国民文化素质等多维度因素。

1.1.2.2　高质量发展的内涵

党的十九大报告提出：“我国经济已由高速增长阶段转向高质量发展阶段，正处在转变发展方式、优化经济结构、转换增长动力的攻关期，建设现代化经济体系是跨越关口的迫切要求和我国发展的战略目标”。高质量发展是集量和质于一体的综合体。量和质从来不是对立的，量变是质变的基础，质变是量变累积的结果。高质量发展不是一味地只追求数量的高增长，还要兼顾生态环境、社会福利和能源效率等因素。国内外学者对高质量发展均有相似的论断。例如，国外学者 Mlachila(2017)就具有相似的观点，国内学者任保平和文丰安(2018)不仅具有相似的观点，还提出高质量发展是经济增长量和质到达一定阶段后的产物，它体现在经济结构优化、新旧动能转换、经济社会协同发展和人民生活水平显著提高等方面。

高质量发展是绝对和相对的统一。高质量发展符合经济社会演变规律，是经济社会发展到一定阶段的产物，属于经济社会高级阶段的一种特征。国内学者刘志彪(2018)指出，高质量发展是由高速度发展转变而来的。在中国经济高速度发展阶段，经济增长主要表现为“规模扩张”和“要素驱动”。而在中国经济高质量发展阶段，经济增长转换为“高效”“公平”和“可持续”，这就是高质量发展阶段的基本判断尺度。张涛(2020)提出，伴随着生产力水平提升和经济社会的不断发展，高质量发展的内涵得以不断丰富。

现代经济学提出经济发展方式有粗放式和集约化两种类别。粗放式发展方式主要依靠资源、资本投入推动经济发展，关注高产出，但忽视了效率和质量。而集约化发展方式主要依靠技术进步和改善生产要素质量来推动经济发展，强调效率和质量。高质量发展是集约化内涵的发展方式，不仅关注投入产出效率，而且聚焦于发展质量。杨伟民(2018)指出，高质量发展是新发展理念的高度聚合，表现为绿色是普遍形态、创新是第一动力、开放是必由之路、协调是内生特点、共享是根本目的。张军扩等(2019)认为，高质量发展的本质是以满足人民日益增长的美好生活需要为目标的高效率、公平和绿色可持续的发展。金碚(2018)认为，高质量发展通过增加使用价值来满足人民日益增长的美好生活需要，其本质特征具有多维性和丰富性。

1.1.2.3　制造业高质量发展的内涵

经济高质量发展和制造业高质量发展之间存在包含和被包含的关系。具体来说，经济高质量发展包含制造业高质量发展，制造业高质量发展包含于经济高质量发展，两者既有延续性又有拓展性。制造业高质量发展的重要意义不言而喻，它不仅是现代经济高质量发展的必然要求，而且是推动中国制造向中国创造转变、制造大国向制造强国转变、中国速度向中国质量转变的核心。不同领域的学者依据党的十九大报告内容对制造业高质量发展进行了研究。例如，苗圩(2018)认为，推动制造业高质量发展必须从制造业质量、效率、动力三方

面进行变革；江小国和何建波(2019)提出，制造业高质量发展以提高供给体系质量为首要任务，以技术创新为核心驱动力，以高端、智能、品牌和绿色制造为转型方向，以质量变革、效率变革和动力变革为主要抓手；余东华(2020)将制造业高质量发展总结为竞争力、动力和活力的高度一致，环境、效益和质量的有机统一，品质、结构和速度的相互协调；刘国新等(2020)提出，制造业高质量发展是一种新发展模式，包括创新驱动式发展、开放式发展、全方位发展等，但是所有发展模式的根基在于经济增长效率与效益之间的有机统一；唐晓华等(2020)认为，制造业高质量发展主要围绕产能效率增长和资源能耗控制；付保宗和周劲(2020)认为，国内制造业高速发展已经进入窗口期，制造业高质量发展的重点内容和未来发展方向是产业绿色化、制造智能化、产业结构高端化和生产要素协同化。

1.1.3　概念辨析

(1)工业大数据是工业领域生产服务全环节数据集合及与之相关的全部技术和应用的总称。工业大数据作为生产要素和新一代信息技术进入生产要素体系，参与生产过程，能够显著提高资源配置效率。本书主要从广义层面，紧扣工业大数据作为关键生产要素和新一代信息技术两大重要特征，从数据要素和数字技术两个视角解析工业大数据赋能制造业高质量发展的内在机理。

(2)高质量发展战略已经深深嵌入国民经济各个领域，形成高质量发展理念和高质量发展指导思想，持续优化各行业产业结构和发展模式。制造业高质量发展是中国迈向世界制造强国前列的必经之路，是满足国内人民日益增长的美好生活需要的必然选择。本书将从七个维度构建制造业高质量发展水平评价指标体系，并重点研究工业大数据赋能制造业高质量发展的内在机理，运用数理模型推导和实证检验相结合的方法，证明工业大数据赋能制造业高质量发展的科学性。

(3)相较于制造业大数据，工业大数据的概念更为宽泛，不仅包括海量数据集合，还延伸到相关数字技术应用。本书将扩展工业大数据价值空间，大幅提升其战略意义和使用价值，这是对工业大数据研究的一种尝试性探索。目前，工业大数据研究的核心侧重于大数据在工业体系中的应用，而对于工业大数据如何赋能制造业高质量发展的相关研究相对较少。因此，本书将界定工业大数据的内涵与边界，对工业大数据赋能制造业高质量发展的范式、增值效应传导机制和运作机理等进行研究。

1.2 国内外研究现状

1.2.1 工业大数据研究现状

工业大数据与智能制造、工业互联网密切相关，前者是后两者的核心，后两者是前者的主要应用场景和来源。工业大数据的价值必须通过智能制造和工业互联网才能实现，而智能制造和工业互联网必须拥有一定规模的工业大数据才能正常运作。工业大数据通过“人—机—物”连接，实现“智连智通”和自我优化，释放工业互联网的潜在价值。基于工业大数据的智能决策，主要通过大数据采集分析技术对数据和信息进行加工，形成决策知识，减少不确定性的负面影响，避免人为主观性错误造成的损失。从生产要素角度而言，工业大数据无疑是工业领域最为珍贵的基础性战略资源(Basantaval，2018)，是企业提升竞争力、创造力和生产力的核心要素。如何挖掘工业大数据潜在的价值，是全球工业数字化转型发展急需解决的重要问题(Ghasemaghaei 等，2018)。

1.2.1.1 工业大数据的特征

工业大数据的特征包括以下两方面。

(1) 工业大数据的边际成本近乎零。虽然目前工业大数据的收集、存储和分析等成本相对较高，但是由于其可复制、可重复和无限供给要素禀赋的特征，工业大数据弥补了传统生产要素资源稀缺的缺点，能够形成规模报酬递减的生产模式(李清彬，2018)。杰里米·里夫金于 2014 年出版的《零边际成本》一书中提到，大数据作为一种新技术革命，凭借零边际成本优势将对已有生产规则、生产体系和生产秩序产生严重冲击。戚聿东等(2018)和陈国青等(2018)表示，大数据是新经济时代的重要生产资源，具备可重复使用和充裕性等优势，有利于推动企业管理模式优化升级，提高资源配置效率。胡贝贝和王胜光(2017)认为，大数据是一种虚拟化生产要素；传统固态生产要素通过数字技术能够实现数字化，成为新数字要素组合，从而促使生产成本大幅降低，资源配置效率大幅提升。

(2) 工业大数据具备对工业逻辑做出反映的新特征。工业大数据除了具有高速度(Velocity)、大体量(Volume)、多样性(Variety)和高价值(Value)的“4V”特征及零边际成本的特征，还具备对工业逻辑做出反映的新特征。李杰(2015)认为，工业大数据具备更强的时序性、专业性、解析性和关联性，它能够实现

横向与纵向环节的互联互通，将资源配置和价值维度规模化，进而实现服务定制和按需分发。王建民(2017)认为，相对于其他类型的大数据，工业大数据还具有反映工业逻辑的多模态、强关联和高通量等新特征。孙家广院士(2016)认为，工业大数据由智能产品产生，不仅具有多模态、强关联、高通量特征，还具有跨界关联、产业链关联和物理信息关联应用特征。

1.2.1.2　工业大数据的价值

随着区块链、人工智能等信息技术快速普及，数据的规模呈现爆炸式增长，数据价值得到前所未有的重视，催生了一大批专业的数据分析平台。数据作为数字经济的基础资源和关键要素，其价值化已得到广泛认可，各行各业都在如火如荼地开展数字化革新(吴超，2018)。

(1)工业大数据是战略资源。韩江波(2017)认为，工业大数据是工业领域智能化后的高级形态。对企业而言，工业大数据不仅可以推动企业实现智能化生产和个性化定制，还可以促使企业实现网络化协同，对企业组织产生深远影响。Kusiak(2017)将工业大数据视为实现智能制造的重要资源。刘刚(2019)认为，工业大数据是一种关键生产要素，是经济高质量发展的重要引擎，且已经深度融入经济和社会生产的各个领域。

(2)工业大数据在智能制造中发挥重要价值。Bowen(2001)认为，工业大数据融入商业模式后，能够优化企业生产和管理流程，驱动信息和知识在不同时间段、不同环节进行共享，进而提高生产环节的协同效应。Zaki(2017)认为，工业大数据能够提供生产设备全生命周期的信息管理和服务，帮助企业实现用户需求驱动下的智能制造。刘祎和王玮(2019)认为，利用工业大数据资源可以实现对环境的被动适应，即根据市场环境优化产品服务，扩大市场份额，为客户创造最优价值，从而获得效率优势。刘烨等(2019)认为，工业大数据能帮助企业构建敏捷高效、精准规范、透明可控的产品质量改进管理体系。刘祎等(2020)认为，工业大数据为企业组织提供产品定制化、生产服务化和运营平台化三种示能性，企业组织可以通过产品升级、价值链升级和商业模式升级实现增值效应。王建民(2017)认为，多源数据融合是实现互联网和工业融合创新的必要条件，多源异构数据的处理可促使研发设计模式的不断创新。

(3)工业大数据在智能服务中发挥重要价值。智能服务离不开工业大数据的支撑，工业大数据既提供分析数据的技术，也提供用来分析的数据本身。随着制造业与服务业加速融合发展，服务业对工业大数据独特的知识发现与知识服务的需求越发强烈(孙立和焦微玲，2017)。张卫等(2019)借助工业大数据详细分析了智能服务应用、技术和管理的不同维度，设计了智能服务模块化策略，验证了利用工业大数据所设计策略的科学性和优越性。

1.2.1.3 工业大数据赋能

赋能一词源于授权赋能(Empowerment)，由 Eylon(1998)提出，最早主要用来表示领导权力分散以提高员工工作效率。Kanter(2010)认为，授权赋能是指将上级领导的部分权力下放给下级员工，使员工工作效率得到提高。雷巧玲(2006)将授权赋能划分为结构性授权赋能、心理授权赋能和领导授权赋能三种。Spreitzer(2007)认为，授权赋能可分为组织赋能和心理赋能两种，前者是组织层面赋能，后者是个体层面赋能。Acar 等(2016)融合组织行为学理论，提出了顾客赋能的概念。随着顾客地位的提升，Patrizia 等(2017)进一步将顾客赋能界定为通过培训或讲解等手段，赋予顾客生产、竞争和创新能力。

大数据时代，各行各业积极推进数字化转型，数据赋能应运而生。朱勤等(2019)认为，应该将赋能与数据结合起来，充分挖掘数据的潜在价值，从而提高企业管理效率、生产效率和运行效率。一些学者对数据赋能的内涵进行了初步研究。周文辉等(2017)提出，通过赋予主体数字化工具来提高企业、员工和客户等的能力，从而实现产品质量和服务质量提升的过程就是数据赋能。孙新波和苏钟海(2018)从数据端对数据赋能进行了阐释，认为数据赋能是利用场景、技能和方法发挥数据价值的过程。周文辉等(2018)将数据赋能解释为，通过提高人—机—物的连接能力、运行能力、分配能力和分析能力，进而促进企业价值共创的实现。

在数据赋能更深层次的研究中，罗仲伟等(2017)从赋能企业的组织视角提出赋能的概念模型，即赋能“前提—过程—结果”的基本逻辑。Lenka 等(2017)结合数字技术发展，将数据赋能的体现方式划分为连接能力、智能能力与分析能力三种，数据通过提供这三种能力提高知识转化效率，实现数据价值共创。郝金磊等(2018)实现了数据赋能和价值共创理论的对接，并提出了简易分析框架。孙新波等(2018)提出数据赋能、数字化赋能和大数据赋能，并厘清了三者之间的逻辑关系。

1.2.2 制造业转型升级研究现状

尽管美国的“工业互联网”战略、德国的“工业 4.0”战略、日本的“互联工业”，以及我国的智能制造和工业互联网等战略名称各异，但这些战略都传达了同一信息：制造业转型升级已经成为世界发展趋势。制造业转型升级是促使

我国制造业核心竞争力不断提升，摆脱传统制造业过度依赖要素投入、科技创新能力弱和竞争力不强等困局的必经之路(曾繁华等，2015)。

1.2.2.1　制造业转型升级方向

(1)制造业服务化转型。周大鹏(2013)指出，通过服务化转型，制造业增加了产品中知识型服务要素的密集度，实现范围经济，降低价值链各环节间的协调成本，提高利润水平，实现产业从低端向高端的升级。童有好(2015)提出，互联网的迅速发展从根本上推动了制造业服务化进程，但是截至 2015 年，我国制造业服务化程度明显偏低。胡查平和汪涛(2016)认为，制造业服务化是核心能力介入市场的过程。制造业服务化转型是制造业转型升级的主要方向，必须加快制造业服务化进度，优化制造业服务化路径。

(2)制造业智能化转型。智能化转型是制造业高质量发展的主要升级方向，是指运用人工智能、大数据、区块链和云计算等数字技术对传统制造业进行改造升级。智能化转型始终贯穿于制造业的各大环节，带来产业形态、生产组织方式和制造模式的深刻变革。智能制造将智能化视为制造业未来发展的核心，是中国未来发展先进制造业的重心，也是制造业转型升级的主要路径(周济，2012；周济，2015)。吕铁和韩娜(2015)认为，智能制造是世界各国发展先进制造业的关键。孟凡生和赵刚(2019)提出，国内制造业转型升级的主要方向是智能制造。吕文晶等(2019)认为，智能制造是工业互联网的核心，也是发展先进制造业的重点。刘斌等(2016)认为，我国需要推动制造业向网络制造、绿色制造、数字制造、制造服务化和制造集群等模式不断发展。

1.2.2.2　制造业转型升级的动力和影响因素

(1)制造业转型升级的动力。毛蕴诗和汪建成(2006)认为，研发和技术创新是中国制造业从“低端锁定”转向全球价值链高端升级的内在动力。张志元和李兆友(2015)认为，促进制造业转型升级的主要驱动力是研发创新。张慧明和蔡银寅(2015)认为，制造业转型升级的动力除研发创新外，还包括产业组织结构优化、科技发展、需求升级及国家战略等。原毅军和陈喆(2019)研究发现，严格的环境规制会促进企业进行绿色技术创新。

(2)制造业转型升级的影响因素。周长富和杜宇玮(2012)认为，制造业转型升级的影响因素包括宏观要素和微观因素。马珩和李东(2012)通过研究发现，人力资源素质是影响制造业转型升级的关键因素，市场程度和对外贸易依存度两种因素对制造业转型升级的影响相对较小。此外，张宗斌和郝静(2011)认为，外商直接投资(FDI)对我国制造业行业之间结构优化具有显著影响效应。贾妮莎和申晨(2016)认为，在制造业转型升级方面，对外投资既有正面影响也有负面影响。蔡旺春和李光明(2011)从文化产业视角分析，认为制造业文化附加值能够推动制造业转型升级。

1.2.2.3 制造业转型升级中大数据赋能的作用

(1)产业层面。吕明元和苗效东(2020)认为，大数据是产业转型升级的重要引擎，能有效促进中国制造业结构高级化和合理化。徐颖和李莉(2018)认为，个性化定制需求将成为制造业向知识密集型产业升级的必然因素。董华等(2018)认为，大数据与制造业的融合不仅推动了制造业服务化转型，还有效克服了制造业面临的“服务悖论”。Zhang 等(2017)认为，集成大数据分析和服务驱动，能够推动制造业实现清洁生产战略、可持续性生产，并形成竞争优势。王铁山(2015)较为系统地分析了大数据推动制造业转型升级的方式、机理和效果，指出大数据发展的目标是通过制造业和服务业的融合来加速制造业的智能转型，提升实体经济的生产能力和创新能力。

(2)企业层面。Koksal 等(2011)认为，制造业企业可以利用大数据，提高对用户需求的响应速度，创新商业模式，提高组织效率，有效降低成本并提高经济效益。Zhang 等(2018)认为，大数据对信息的整合不但能够帮助企业进行新产品的创意输入，而且能够利用可视化的决策路径支持新产品的开发。张明超等(2018)探讨了数据驱动大规模智能定制实现的内在机理，对指导制造业企业向大规模智能定制转型升级具有深远意义。霍媛媛(2019)认为，大数据技术能够对海量数据信息进行搜集、统计、分析和处理，为企业决策者的信息反馈、商业活动和公共决策等提供重要参考，推动制造业信息化转型和智能化转型。徐宗本(2014)认为，伴随着智能设备产品的全面普及，联网终端、生产设备及生产者本身都在不断地产生数据，而这些数据将贯穿产品的全生命周期，渗透到产品的各个环节。

1.2.3 制造业高质量发展研究现状

1.2.3.1 制造业高质量发展总体现状

(1)产品质量发展现状。虽然我国在制造业规模上长期位于全球第一，但我国制造业低端产品过剩与高端产品稀缺的问题尤为突出，低端产品供给与人们日益增长的高端产品消费需求之间的供需错配矛盾越发显著。我国制造业发展

更多依靠低成本和数量扩张，产品质量与品牌建设相对滞后。近年来，虽然我国通过先进工艺技术和质量管理方法加强了产品质量建设，采用标准带动、技术升级和品牌培育等途径提升了制造业的产品质量，但整体上我国制造业产品质量与发达国家制造业产品质量相比仍存在明显差距。例如，在 2019 年世界品牌实验室公布的“世界品牌 500 强”名单中，美国有 208 个，我国仅有 40 个(其中只有 9 个是制造业品牌)。综合而言，我国制造业产品质量有待提升，品牌有待重塑。

(2)要素效率发展现状。任保平(2020)认为，数字经济可通过质量变革、效率变革和动力变革三大机制驱动产业高质量发展，通过数字创新驱动能够实现要素高效配置和高效协同运作。效率变革是提升我国经济竞争力的核心，也是支撑高质量发展实现的关键。因此，要不断改进当前制约效率提升的各类制度体系，促使各领域的投入产出比不断得到提升，最终实现以既定投入获得最大产出的集约化发展目标。杨汝岱(2015)认为，强烈的创新能力推动技术进步是我国经济增长的主要动力，但从资本要素的使用上看，我国经济已陷入“高投资—生产率下降—产能过剩”的恶性循环。生产要素结构，尤其是高端要素或虚拟要素占比，能够显著影响要素效率。生产要素结构优化是解决资源匮乏、生态环境污染的有效手段。因此，我国要实现制造业高质量发展，首先需要优化生产要素结构，并持续深化要素市场变革，促使市场在资源配置中的作用得以充分体现，不断引导生产要素向高效率制造业部门或环节聚集。

(3)创新驱动发展现状。要推动制造业动力变革，必须改变过去依赖资源和要素投入支撑发展的陈旧模式，始终坚持以创新驱动发展的新型模式。彭树涛和李鹏飞(2018)估算 2004—2016 年制造业增加值率的曲线呈 L 形，通过科技创新可以降低经济发展对传统要素成本比较优势的依赖程度。关于创新驱动产业结构升级进程的研究，学者们主要关注创新对国家经济发展的驱动作用和政策体系对创新活动的支持力度。而立足于产业结构本身展开的研究，主要以创新和技术进步对产业转型所起的作用为核心。例如，Acemoglu 等(2018)认为，创新是产业结构升级的核心动力。刘伟(2016)认为，通过创新驱动可以提升生产效率。Kergroach(2019)认为，由于不同制造业要素的密集度不同，其具体创新活动的开展过程也存在明显差异。我国对于创新研发的投入逐年递增，已成为全球第二大研发经费投入国，超过欧盟十五个国家的平均水平，达到中等发达国家水平，这也使得我国创新能力得到大幅度提升(胡迟，2019)。

(4)绿色发展现状。制造业高质量发展是一种更高效、更绿色的发展。制造业发展方式的深刻变革，使资源配置效率不断提高，能源消耗强度逐渐降低，环境污染程度逐步减小。国际能源署(IEA)权威数据表明，2017 年我国制造业能源消耗强度为 8.2，同期美国为 5.6，日本为 4.6，德国为 3.5，英国为 4.3，韩国为 5.0。自我国实施改革开放战略以来，我国经济经历长期高速增长，经济综合实力大幅提升，人民生活水平发生了翻天覆地的变化。但是，我国经济的高速增长也导致了高能耗、高排放、高污染等问题。为满足人民对美好生活的需求，制造业高质量发展必然是绿色的发展，不能以牺牲绿水青山为代价。蒋南平和向仁康(2013)指出，绿色发展需基于资源与能源的合理利用、经济和社会的适度发展、人与自然的和谐相处。许宪春和任雪(2019)认为，绿色发展需要处理好人与生态环境的关系，把握好金山银山与绿水青山之间的平衡关系，以效率、协调、可持续为目标，让经济社会发展与资源节约、污染排放减少和环境改善之间形成相互促进的关系。

1.2.3.2 制造业高质量发展的影响因素

(1)制造业高质量发展的内在驱动因素。马永伟(2019)提出，工匠精神是制造业高质量发展的重要驱动因素。唐晓华(2020)认为，环境规制对制造业高质量发展具有正向激励作用。邓峰(2020)认为，互联网对制造业高质量发展具有显著促进作用。张明志和季克佳(2018)认为，产业集聚对出口产品质量具有促进作用。刘斌等(2016)通过研究发现，制造业服务化能够显著提升产品质量和产品技术复杂度。李丹丹和王平田(2016)从全要素生产率视角提出，全要素生产率能够显著促进产品质量提升，产品质量提升又会抑制企业亏损，形成负反馈效应。

(2)制造业高质量发展的宏观影响因素。辛国斌(2018)围绕国内供给侧结构性改革提出，我国制造业高质量发展必须紧密围绕我国社会的主要矛盾，融入习近平新时代中国特色社会主义思想，以数字创新为驱动力，以全球科技革命和产业变革为契机，以迈向世界制造强国前列为目标。路甬祥(2018)认为，良好的发展环境是推动高质量发展和建设制造强国的重要条件，因此我国要进一步优化营商环境，建设高水平开放、合作与共赢的投资贸易环境，努力打造协同创新发展支撑环境。尚会永和白怡珺(2019)认为，加强技术研发是实现制造业领先和超越的关键，提高劳动者素质是重要保障，保持系统性优势是基础。黄鑫(2019)从市场改革视角提出，制造业高质量发展是由市场机制决定的，需要融合市场化和法治化，逐步淘汰僵尸企业和落后产业。吕铁和刘丹(2019)认为，推动制造业高质量发展要完善制造业体系顶层设计，注重推动三次产业融合发展，加强区域产业协作机制和区域间优势互补、错位发展。

通过上述文献梳理可以发现，制造业高质量发展的影响因素较多，创新是其中关键影响因素之一。制造业高质量发展的实现，有赖于强化数字创新驱动，加大工业互联网和智能制造工程实施力度，提升制造业数字创新水平。

1.2.3.3　制造业高质量发展评价体系

学术界有关经济高质量发展评价指标的研究主要包括两类：第一类研究聚焦于与经济高质量发展近似的单一指标，如劳动生产率(陈诗一和陈登科，2018)、全要素生产率(刘思明等，2019)、绿色全要素生产率(余泳泽等，2019)和技术进步率(徐现祥等，2018)；第二类研究聚焦于经济高质量发展多维度指标体系构建与评价，如魏敏(2018)构建了包含 10 个系统和 53 个测度指标的评价体系，聂长飞(2020)构建了包含 5 个方面指数、22 个分项指标和 71 个基础指标的评价体系，马宗国和曹璐(2020)构建了包含 5 个方面和 21 个表征指标的评价体系，等等。

作为一个综括性的概念，依照党中央对高质量发展的定义，能够满足人民日益增长的对美好生活需要的发展即为高质量发展，重点突出创新、协调、绿色、开放、共享的新发展理念。江小国和何建波(2020)认为，制造业的高质量发展，需要从要素支撑、生产组织、产业提升与行业治理四个维度理解。因此，采用某个单一指标近似评价高质量发展的方法具有一定的片面性。对高质量发展的评价是一个复杂的系统工程，需要构建多维度和立体型评价指标体系(高培勇等，2020)。目前，有少数学者依据经济高质量发展评价指标体系，构建了制造业高质量发展评价指标体系(江小国和何建波，2019；王玉燕和王婉，2020；曾菊芬和孙欣，2020)。

1.2.4　文献述评

在中国知网中，以篇名含“工业大数据”“制造业转型升级”和“制造业高质量发展”检索 2015—2021 年的 CSSCI 文献，分别得到文献 30 篇、48 篇和 175 篇，共计 253 篇，采用 CiteSpace5.7 绘制关键词知识图谱，结果如图 1-1 所示。从总体研究现状来看，制造业转型升级的相关文献较为丰富，而工业大数据和制造业高质量发展的相关文献明显不足，将工业大数据与制造业高质量发展进行关联研究的文献极少，从数据要素和数字技术双重视角揭示工业大数据如何赋能制造业高质量发展的文献更是鲜有报道。已有的相关研究进展和本书的研究拓展分析如下。

(1)研究主题。对制造业转型升级问题的已有研究，为本书研究主题的选取提供了有益启示。制造业转型升级已经是大势所趋，服务化制造、绿色制造及智能制造等都是制造业转型升级的主要方向，转型升级的重要途径则是价值链高端化和产业链数字化、网络化、智能化。高质量发展战略的提出，为制造业转型升级指明了方向。制造业高质量发展是制造业转型升级与价值链高端化的深度融合和延展，是一个亟待研究的主题。本书以制造业高质量发展为研究主题，重点研究工业大数据赋能范式、赋能增值效应和传导机制，并构建工业大数据赋能制造业高质量发展的理论框架，揭示内部运作机理，结合实证分析进行论证，最后提出对策建议。

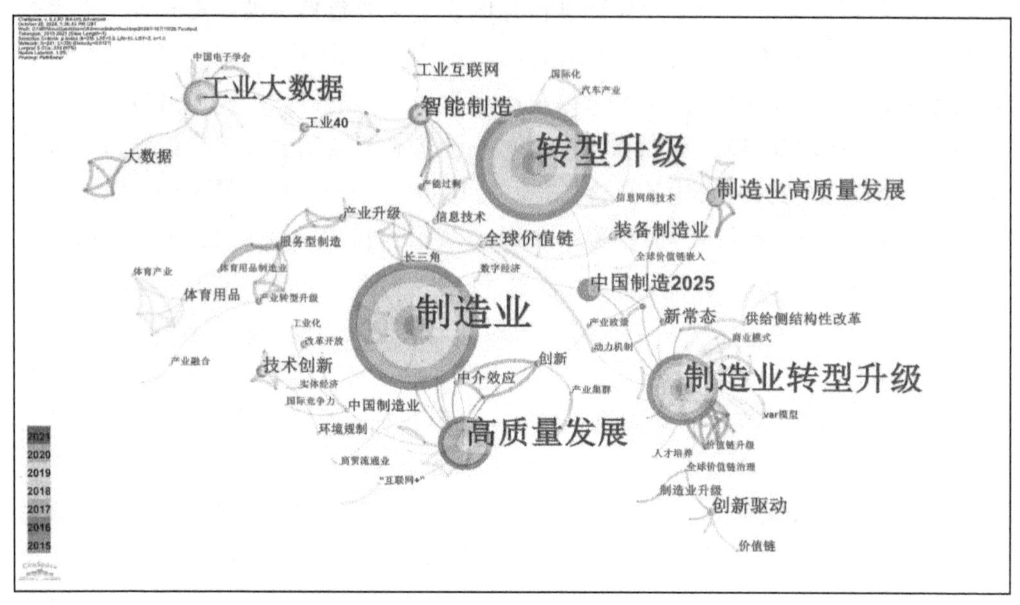

图 1-1 关键词知识图谱

(2)研究立意。关于大数据驱动制造业转型升级的已有研究，为本书的切入视角提供了有益支撑。工业大数据的价值凸显，数据在新的生产要素组合中具有要素和技术双重属性，数据赋能增值效应值得深挖。数据价值化能够重构生产要素体系，而数据要素和数字技术共同催生数字技术经济范式，进而衍生出工业大数据赋能范式，即数据要素型赋能范式和数字技术型赋能范式，形成工业数字经济、工业互联网和智能制造新产业、新业态、新模式。本书在梳理相关文献和官方白皮书的基础上，探索出工业大数据兼具数据要素和数字技术双重属性，并基于工业大数据双重属性视角揭示赋能范式、赋能增值效应和传导运作机制，借助实证进行检验论证。

(3)研究内容。关于工业大数据和制造业转型升级的已有研究，为本书的研究留下了足够的拓展空间。首先，已有研究运用单一指标法和多指标综合法对制造业高质量发展水平进行测度，但不同学者构建的指标体系差异较大，尚未形成统一的评价指标体系；其次，关于工业大数据度量指标问题，已有研究鲜

有涉及；最后，尽管已有研究发现工业大数据对制造业高质量发展具有显著的驱动作用，但对其内在赋能机理的研究相对匮乏，更没有从生产要素禀赋和技术创新集群视角开展的研究。综上所述，已有研究为本书的研究内容提供了理论参考与借鉴，同时又留下了可供拓展的空间。

1.3　理论基础

1.3.1　生产要素理论

最早将要素与生产联系起来的学者是法国经济学家让·巴蒂斯特·萨伊。在 1803 年所著《政治经济学概论》一书中，他明确提出资本、劳动和协作力能产生有价值的物体。不过，萨伊只是从价值产生过程阐述了要素的重要性，并未对生产要素给出明确定义，其理论仅可作为生产要素的雏形。此后，各个阶段出现了生产要素的不同定义。《辞海》将生产要素定义为社会资源，《简明不列颠百科全书》将生产要素定义为经济资源。前者强调生产要素对整个社会的影响，后者强调生产要素对经济活动的影响。尽管两者侧重点不同，但本质相同。中国最早对生产要素进行定义的学者是吴声功(2002)。他对生产要素的定义与《简明不列颠百科全书》中的定义相似，他认为生产要素是能够产生价值的经济资源，主要包括劳动、知识、劳动力、经营管理、资本和科学技术等。桂昭明和郭广迪(2020)对生产要素的定义与《辞海》中的定义相同，他们从整个社会视角观察，认为生产要素包括劳动力、技能、资金和教育等。不过，国内也有学者持有不同的观点。例如，张志武(2000)认为，生产要素就是指人类进行物质资料生产所需要和使用的各种具有相对特殊功能的基本因素。

1.3.1.1　生产要素演进脉络

随着时代变迁、技术变革、历史更迭，作为经济学的一个基本范畴，生产要素组合也随之发生演化。并且，在不同经济社会背景下，生产要素的具体构成和作用机理存在较大差异。纵观历次生产要素演进并总结其规律发现，每出现一种新生产要素，都将驱动人类社会向更高阶演化(王建冬和童楠楠，2020)。迄今为止，生产要素演进经历了二元论、三元论……六元论、七元论等多个阶段。

(1)生产要素二元论。1662 年，英国“古典政治经济学之父”威廉·配第在《赋税论》中提到，土地是财富之母，劳动是财富之父，同时劳动也是能动要素。他并未对生产要素二元论的概念做出明确说明，但他把社会财富的来源归于土地和劳动，这便是二元论雏形。1889 年，奥地利经济学家欧根·冯·庞巴维克正式提出生产要素二元论，将土地和劳动定义为生产要素，他还明确表示不认同资本是和土地、劳动并列存在的第三类生产要素。

(2)生产要素三元论。1803 年，法国经济学家让·巴蒂斯特·萨伊在《政治经济学概论》中提到，资本如同土地和劳动一样，可以提供生产性服务，可以创造效用，具备创造价值的功能。萨伊所阐述的正是生产要素三元论。需要特别说明的是，此处的资本是指有形的厂房、工具或设备等相关资本品(Capital Goods)，并不包含无形的金融资本。少数学者持有不同观点，英国经济学家纳索·威廉·西尼尔提出劳动、自然资源和节制(Abstinence)三元论。

(3)生产要素四元论。1881 年，英国经济学家阿尔弗雷德·马歇尔在《经济学原理》中对生产要素三元论做了充分肯定，同时也指出，知识和组织共同构成了资本，主张将资本作为一种独立存在的生产要素，称为第四生产要素。他所提出的第四生产要素(即组织)是指资本家对企业的监管能力。因此，后人也将其称为“企业家才能”，其正是由组织内涵延伸而来的。但也有少数学者持有不同观点，如徐寿波(2006)提出包括物资、劳动力、资源和投资的生产要素四元论；林毅夫(2012)提出包括自然资源、劳动力、物资和人力资本的生产要素四元论。

(4)生产要素五元论。进入 20 世纪以来，在系列科技革命和信息革命的影响下，技术实现突飞猛进的发展，技术对经济增长和生产过程的影响日益凸显。1959—1971 年，美国经济学家、诺贝尔经济学奖获得者西蒙·史密斯·库兹涅茨先后出版了《关于经济增长的六篇演讲》《现代经济增长》《各国的经济增长》等系列研究经济增长的著作，他明确表示，技术是经济增长的主要源泉之一。美国经济学家、诺贝尔经济学奖获得者罗伯特·索洛提出的 “索洛模型”中，将经济增长贡献设定为是由技术进步、资本和劳动三者共同组成的。至此，包括土地、企业家才能、劳动、技术和资本的生产要素五元论形成，生产要素理论得到进一步拓展。

(5)生产要素六元论和生产要素七元论。进入 21 世纪后，人们对生产要素理论进行了多方位拓展，但只有生产要素二元论和五元论在国际范围内得到一致认可。在此之后，部分学者进一步提出了生产要素六元论和七元论。例如，我国著名技术经济学家和工程院院士徐寿波(2006)就讨论过生产要素六元论，他提出包括人力、财力、物力、自然力、运力和时力的生产要素六元论。张幼文(2013)从经济全球化视角提出包括货币资本、技术、品牌、专利、经营管理方法、营销网络和高端人才的生产要素七元论。

(6)数据要素单独成为生产要素。生产要素二元论到生产要素五元论的提出

者多来自欧美发达国家，这更多地折射出国与国之间经济背景和科技背景的差异。数字革命以来，我国政府和学者不断推动生产要素理论的创新与发展，开辟了新的研究方向，并提出了新的理论表述，这些都得到了国内外学者的广泛认可。

2017 年 12 月，习近平总书记在十九届中央政治局第二次集体学习时指出，“要构建以数据为关键要素的数字经济”。党的十九届四中全会《中共中央关于坚持和完善中国特色社会主义制度、推进国家治理体系和治理能力现代化若干重大问题的决定》明确提出：“健全劳动、资本、土地、知识、技术、管理、数据等生产要素由市场评价贡献、按贡献决定报酬的机制”，首次将数据增列为生产要素，形成新的生产要素七元论，这是生产要素理论演化中的一次飞跃，也是最贴合当今数字经济时代特征对生产要素定义进行的一次拓展。

2020 年 4 月，中共中央和国务院发布了《关于构建更加完善的要素市场化配置体制机制的意见》，提出“加快培育数据要素市场”。同年 5 月，李克强总理在《政府工作报告》中提出“推进要素市场化配置改革，培育技术和数据市场，激活各类要素潜能”。由此可见，数据已经成为与资本、土地、技术和劳动并存的独立生产要素。将数据作为独立生产要素，是中国政府和学者对世界生产要素理论体系的原创性贡献，是赢得世界生产要素理论体系话语权的一种表现，也是中国实力的一种体现。数据作为独立生产要素，必然推动整个社会朝着融合化发展，向着数据化描绘和网络化连接的数字经济时代不断演进，助力人类命运共同体健康、可持续发展。人工智能时代，数据作为核心要素，其价值不可估量。将数据纳入生产要素并参与分配，将大力推动人工智能、大数据等行业的全面发展。

通过上述分析可知，生产要素组合随着经济发展的时代特征而不断变化，即生产要素理论是不断演变的。生产要素组合演进历程如图 1-2 所示。

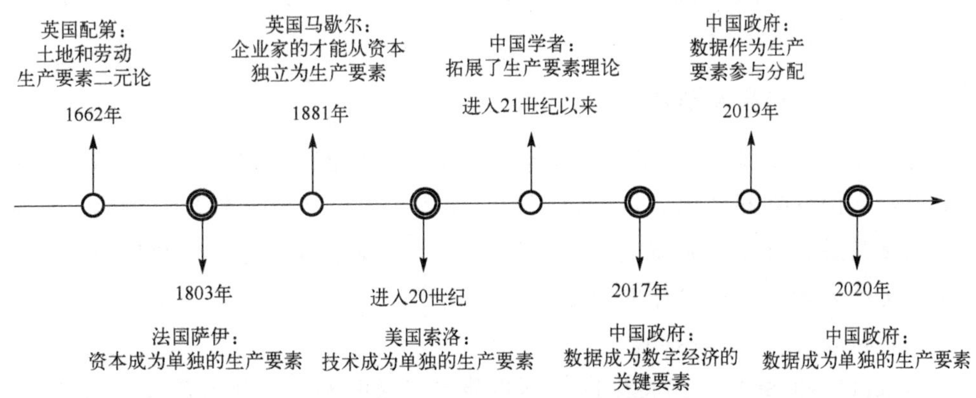

图 1-2　生产要素组合演进历程

1.3.1.2 生产要素差异化分析

不同的生产要素既具有共性又具有各自的特殊性。数据要素作为最新独立的生产要素，相较于其他传统生产要素，具有许多独特之处。数据要素不仅会对生产过程产生直接影响，还可以与其他传统生产要素相互作用，进而间接影响生产结果。数据要素与其他传统生产要素的差异表现在以下五个方面。

(1)要素主体特征。数据要素具有可复制性和强流动性，其全生命周期内的相关主体权责非常复杂，存在共同主体或协同主体，相比传统生产要素来说更为繁杂。而土地要素和劳动要素主体较为单一，所有者与使用者比较固定。

(2)权属明晰性。数据要素具有超强融合性和流动性，使得数据要素权属难以界定。根据数据处理层次的不同，数据可分为原始数据、二次数据及加工数据等，不同层次数据权属界定更为复杂。再加上数据易传播和易复制的特点，数据权属界定越发困难。与之相对，传统生产要素的权属界定则较为清晰。

(3)要素稀缺程度。数据要素作为一种虚拟要素，具有可无限复制和重复使用的特点，且其边际成本接近零，这些优势导致数据要素相对充足。在同等条件下，其他传统生产要素相对稀缺，但能够通过宏观调控方式有效解决。

(4)要素交叉关联。数据要素具有较强的外部性和融合性，可与传统生产要素不断组合迭代，实现融合交叉关联，从而促使生产要素实现系统性、多领域、革命性和多维度的群体突破。数据要素和传统生产要素之间的密切交叉关联，有助于释放传统生产要素的叠加与倍增效应。在同等条件下，传统生产要素之间融合性和交叉性较低，要素之间相对独立。

(5)价值溢出效应。数据要素与传统生产要素紧密交叉关联，实现资源统筹优化，进而获得多要素协同价值溢出效应和价值倍增效应。数据要素与传统生产要素的融合可以直接提高传统生产要素产出效率，并实现多生产要素高效协同，提高资源配置效率。

1.3.1.3 生产要素禀赋

生产要素禀赋理论最早于1919年由瑞典经济学家伊·菲·赫克歇尔和他的学生贝蒂·俄林共同提出。依据该理论，密集生产要素和稀缺生产要素之间能够通过贸易进行交换。数据要素同样遵从生产要素禀赋理论，但数据要素并不是稀缺生产要素，反而是相对充足的生产要素。不过，高价值数据要素相对稀缺，且其稀缺程度不尽相同。

Porter(1990)最早提出将生产要素按照自然禀赋不同，分为基本要素(Basic Factors)和高端要素(Advanced Factors)两种，前者指自然资源，后者指人为加

工而成的资源。可见，高端要素更多是指虚拟要素和人类智力成果要素，具有典型的时代特征。我国学者林民盾和杜曙光(2006)根据生产要素本身的形态差异，将生产要素划分为无形高级生产要素和有形低级生产要素，前者主要是指人类智力成果知识、技能和组织等，后者主要是指传统生产要素资本、劳动和土地等。依据上述生产要素划分标准，数据要素属于典型的高端要素。

生产要素根据流动性划分为不可流动生产要素和可流动生产要素，其中不可流动是相对可流动而言，并非绝对不可流动。与基本要素和高端要素、无形高级生产要素和有形低级生产要素的划分类似，不可流动生产要素主要指传统生产要素(如土地)，可流动生产要素主要指技术、劳动和数据等。关于生产要素流动性的作用，林毅夫(1999)认为，生产要素流动程度与资源配置效率呈正相关；Baldwin(1999)提出要素空间流动是经济增长的主要原因；刘玉奇等(2019)认为，流动性强的生产要素更容易形成集聚效应和乘数效应，而且能够重构流动性较弱的生产要素资源配置状态。

1.3.2　技术创新理论

1.3.2.1　技术创新源于创新

最为经典的创新理论就是熊彼特创新理论，该理论由奥地利经济学家约瑟夫·熊彼特(Joseph Schumpeter)于 1912 年提出，熊彼特也被后人称为创新领域的始祖。熊彼特创新理论最重要的思想之一就是将生产要素重新组合的不同形式视为一种创新，熊彼特对其大力宣扬，奠定了其在创新领域的地位。此外，熊彼特创新理论还概括了其他创新形式，包括市场创新、产品创新、资源配置创新、技术创新及组织创新(制度创新)，每种创新形式之间存在相互影响，通常难以界定某种创新严格属于哪种创新形式。那么，如何判断新事物是否属于创新呢？本书认为最重要的判断依据是：将新事物引入生产过程中，是否能对原有生产体系产生震荡效应。创新是一个长期过程，并非一蹴而就。工业大数据是一种技术集群，是一种高端要素、虚拟要素和无形要素，对生产要素体系能够产生重构效应，并引发生产要素之间的连锁反应。工业大数据能够带来新产品、开拓新市场、提高资源配置效率、打破原有科层组织形式。所以，依据熊彼特创新理论，无论是从数据要素视角，还是从数字技术视角，工业大数据都能实现真正意义上的创新。

熊彼特创新理论的另一个基本思想即创新是生产过程内生的，是由内向外产生的，并非由外部环境所导致。但实际上，创新活动自其开始直至结束整个生命周期都与外部环境密切相关，且外部环境能够在一定程度上决定内部创新的效果。熊彼特在创新理论中提出创新是生产过程内生的，实际上是强调生产过程由创新本源驱动，突出了创新在生产过程中的核心地位。

进入21世纪以来，各行各业广泛采纳新一代信息技术加快信息化进程，人类智力成果正逐步成为创新的主导因素。那么，外部系列变革如何影响创新？本书认为，在当今数字经济快速发展、信息技术快速迭代、人类智力成果快速革新的数字时代，创新是各种创新要素与外部环境复杂交互作用的产出，是时代发展、社会进步和技术革新的产物。也就是说，创新更倾向于外生，并非熊彼特创新理论所提的内生，主要原因是创新的外部环境发生了颠覆性变化，使得创新主体、创新客体和创新形式都发生了变化，创新范式正在向数字创新范式演变。

1.3.2.2 技术创新发展

后人以熊彼特创新理论为基础，经过长期沉淀，形成技术创新理论。然而，技术创新并不能与创新概念完全等同，两者不能混为一谈。Solo（1951）最早研究技术创新，他提出了经典的技术创新“两步论”，将技术创新分为两个阶段：新思想产生阶段和新思想实施阶段。但技术创新“两步论”仅仅简单说明技术创新的两个过程，并未涉及技术创新的实质内容。Enos（1962）对技术创新的实质内容进行了详细表述，他首次立足于集合视角，详细剖析了技术创新的内涵，明确指出技术创新并非单一行为产生的结果，而是几种行为综合的结果，技术创新的主体并不唯一，存在多主体协同作用。随后，包括Lynn和Mueser在内的众多著名学者对技术创新的概念进行了界定，重点强调技术创新是将先进的信息技术融入创新过程中，寻求新创意，实现价值共创的过程，重点强调新思想和新创意的实现(张凤海等，2010)。

然而，学术界对技术创新的概念并未形成共识。要想全面了解技术创新的概念，需从技术创新内涵和外延双重视角探讨。张凤海等(2010)从广义和狭义的角度分析了技术创新：从广义角度来看，技术创新是生产条件和生产要素的重新组合；从狭义角度来看，技术创新是生产要素和生产工具的重新组合。两者最大的区别就在于，生产条件包括生产工具，其包含的范围更广泛，而生产工具包含的范围更狭窄。工业大数据既是数字化时代一种生产条件，也是一种生产工具，能够颠覆现有生产要素体系，驱动生产要素重新组合，形成新组合秩序，从而形成新生产要素体系，体现了技术创新在广义和狭义层面的内涵。

1.3.2.3　技术革命

技术革命是技术创新达到一定程度后的产物，往往由一种技术集群大规模变革引发。Perez（1983）最早提出技术革命这一概念，他认为技术革命是紧密交织在一起的一组技术创新集群，当这一组集群发展到一定程度后，便会打破原有规则或秩序束缚，并快速扩散到经济社会其他领域。要想产生技术革命，技术创新集群一般需要具备两个条件：一是必须具备一种重要的、通用的、低成本投入品，该投入品可以是有形的，也可以是无形的，可以是自然界的，也可以是人类的智力成果；二是必须具有相匹配的新产品、新工艺、新基础设施，尤其是新基础设施，它为技术创新集群扩散提供先决条件和必备条件。

既然技术革命是技术创新集群发展到一定程度后产生的，那么技术革命必然存在更迭周期，表现出相应的更迭周期规律。Perez（1983）在首次提出技术革命概念时，就对技术革命周期进行了描述，他通过观察 18 世纪 70 年代以来的技术革命发生规律，发现每次技术革命周期都为 50～70 年，他将整个周期划分为四个阶段：引入阶段、成长阶段、成熟阶段和衰退阶段。在周期衔接时，最容易给发展中国家进行技术追赶提供“机会窗口”。我国学者刘辉锋（2018）进一步将“机会窗口”解释为成熟阶段和引入阶段，具体表述为成熟阶段“机会窗口”和引入阶段“机会窗口”。成熟阶段“机会窗口”主要是凭借廉价劳动力优势，引进发达国家先进技术。引入阶段“机会窗口”主要是凭借早期新兴产业进入壁垒较低的优势，快速培育新兴产业，缩小与发达国家的技术差距。

目前，以大数据为核心的新一代信息技术浪潮正在对世界造成强烈冲击，对生产要素体系产生颠覆性重构的影响。黄欣荣（2016）提出大数据技术革命概念，描述了大数据技术带来的系列变革。欧阳日辉（2015）对大数据技术革命进行了详细分解，并根据历次技术革命的大致时间，判断全球第五次技术革命目前正处于展开期，新技术和新基建为技术革命扩展做好了准备，经济秩序、经济规则和治理模式等都将发生重大变革。

1.3.3　产业融合理论

1.3.3.1　产业融合的特征

产业融合（Industry Convergence）最早可追溯到技术融合。早在 1963 年，美国经济学家 Rosenberg（1963）就提出“技术融合”一词，他认为不同产业之间存在相似技术，如果这种相似技术符合通用目的的技术标准，就能消除不同产业之间的边界或使边界模糊化。此后，美国经济学家 Negreouponte 于 1978 年根据技术融合的思想提出产业融合的概念，他用三个圆形分别表示计算机领域、广播领域和印刷领域，三者之间相互交叉，存在重合部分，交叉领域出现一些新特征且其发展速度最快。也有学者认为产业融合是技术融合的一部分，在一定程度上等同于技术融合(马健，2002)。本书认为产业融合是技术融合发展到一定程度的阶段性产物，产业融合的范围更广，而技术融合的范围相对较窄。

诸多学者从不同角度和层面对产业融合进行了分析研讨，主要有三种观点：第一种观点认为产业融合是一种经济现象(植草益，1988，2001)；第二种观点认为产业融合是一个动态过程(余东华，2005)；第三种观点认为产业融合常常发生在产业边界处或产业边界模糊处(Karvonen，2012)。此外，有部分学者研究了产业融合的影响。Curran(2010)认为，产业融合能够在跨产业之间实现重组兼并。马健(2002)提出，产业融合能够改变企业间竞争合作的关系。周振华(2004)提出，产业融合能够促进产品替代性和互补性的增强。

本书认为产业融合需具备三个条件：一是产业融合的技术基础，必须出现通用目的技术；二是产业融合的边界交叉，产业之间必须存在交叉；三是产业融合的外部环境，必须有诱发产业融合的环境。

1.3.3.2 产业融合的形式

这里围绕产业融合的内涵，从产业和产品双重视角，将产业融合分为渗透型、交叉型、替代型和重组型融合。

(1)产业渗透型融合。产业渗透型融合常发生于传统产业和高技术产业交界处。由于具有强大的倍增性和渗透性，高技术产业能够充分渗透到传统产业中，大幅提升传统产业的效率。

(2)产业交叉型融合。产业交叉型融合主要通过产业间不同互补功能实现，往往发生在高技术产业链两端，先形成交叉产业，随后交叉边界逐渐模糊甚至消失，产业交叉型融合完成。

(3)产业替代型融合。产业替代型融合需具备两个基本条件：一是产业之间具有相似或可替代功能；二是产业之间必须具有功能集合或标准流程。产业替代型融合本质上是一种重构过程，是形成新产业的过程。

(4)产业重组型融合。产业重组型融合是最常见的产业融合类型，通常发生在产业内部或具有紧密联系的产业之间，往往由颠覆性技术或颠覆性创新引发。

1.3.3.3　产业融合的过程

对于产业融合过程的讨论，本书主要从技术和经济两个维度出发，暂不考虑服务模式和政策环境等其他因素。在数字经济时代，产业融合过程外化表现为数字生产力对工业生产率的影响，数据要素、数字技术和数字化平台在整个生产体系中所处的地位是动态的。

本书通过构建三维理论模型来刻画产业融合的动态过程，其中，*X* 轴表示数字经济中的生产要素，分为数据要素和传统要素两种，*X*+表示数据要素，*X*–表示传统要素；*Y* 轴表示数字经济中的技术类型，分为数字技术和非数字技术两种，*Y*+表示数字技术，*Y*–表示非数字技术；*Z* 轴表示数字经济中的平台类型，分为数字化平台和非数字化平台两种，*Z*+表示数字化平台，*Z*–表示非数字化平台。在通常情况下，数据要素与传统要素、数字技术与非数字技术、数字化平台与非数字化平台都是同时存在的，主要看哪些因素起到主导和支配作用。数字经济背景下产业融合过程具体如图 1-3 所示。

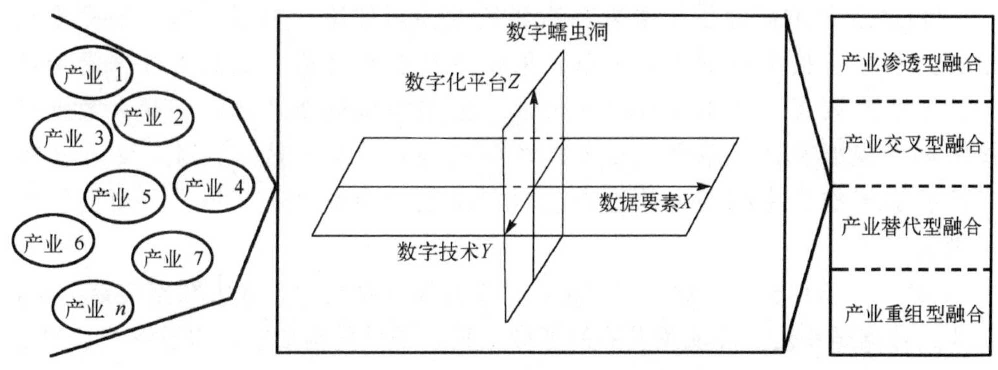

图 1-3　数字经济背景下产业融合过程

不同产业进入数字蠕虫洞，都会实现生产方式的根本变革，完成产业融合过程。其中，数字蠕虫洞内部运作机理是整个产业融合过程最为关键的环节。数字蠕虫洞由生产要素、主导技术和支撑平台三元素组成，三者协同实现产业融合过程。在数字经济时代，数字蠕虫洞以数据要素为支配要素，以数字技术为主导技术，以数字化平台为支撑平台，形成全新的经济秩序。

1.3.4　理论启示

图 1-4 展示了基于生产要素理论、技术创新理论和产业融合理论得出的理论启示。

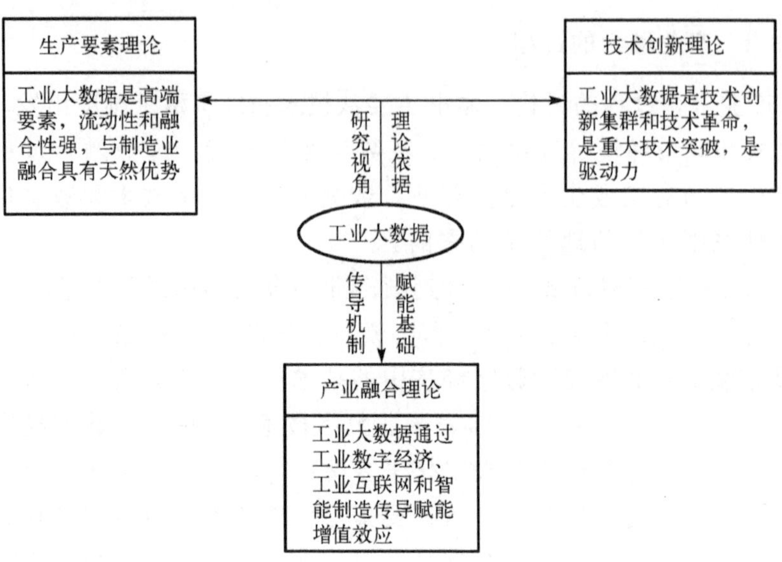

图 1-4　理论启示框架

(1)通过归纳梳理生产要素理论和技术创新理论，本书探索性地提出数据要素和数字技术双重研究视角。依据生产要素理论，工业大数据是最新的关键生产要素，属于高端要素类别；依据技术创新理论，工业大数据是技术创新集群和技术革命，是人类社会发展中的重大技术突破，正在重塑经济社会形态。生产要素理论和技术创新理论为本书研究提供了研究视角和理论依据。

(2)通过归纳梳理产业融合理论，本书探索性地提出工业大数据传导机制。工业大数据是制造业高质量发展的基础工具，通过重构数字技术经济范式和生产要素体系，催生工业数字经济、工业互联网和智能制造新产业、新业态与新模式，从制造业产业结构、制造模式和生产要素三个层面作用于制造业高质量发展。产业融合理论为本书研究提供了传导机制启示。

1.4　本章小结

(1)相关概念界定。本章对工业大数据和制造业高质量发展的相关概念分别进行了界定，前者主要包括大数据起源与内涵、制造业大数据和工业大数据等内容，后者主要包括经济增长质量、经济高质量发展和制造业高质量发展等内容。

(2)研究现状梳理。本章对国内外工业大数据、制造业转型升级和制造业高质量发展的研究现状进行了梳理，其中工业大数据研究现状从特征、价值及赋能三个层面展开；制造业转型升级研究现状从升级方向、动力和影响因素、大数据赋能作用三个层面展开；制造业高质量发展研究现状从总体发展、影响因素和评价体系三个层面展开。

(3)相关理论梳理。本章对生产要素理论、技术创新理论和产业融合理论进行了梳理，为本书后续研究提供了研究视角和理论依据。

第 2 章

制造业高质量发展的内涵与测度

本章首先阐释制造业高质量发展的内涵，接着构建制造业高质量发展的评价指标体系，并采用熵权法测度省际制造业高质量发展水平，进而分析制造业高质量发展的区域差异性，剖析制造业高质量发展的影响因素。

2.1 制造业高质量发展的内涵与指标体系构建

2.1.1 制造业高质量发展的内涵

2.1.1.1 制造业高质量发展的性质

高质量发展是一个综括性概念，随着时代背景的变迁，其内涵不断深化，涵盖高质量发展的理念、精神和指导思想。制造业高质量发展强调制造业整体实力要达到高质量发展目标，具有相对性、复杂性和多维性。

1) 制造业高质量发展的相对性

在以美国为首的发达国家和以印度为代表的发展中国家对中国形成双向挤压的背景下，制造业高质量发展刻不容缓。中国工程院战略咨询中心、国家工业信息安全发展研究中心、南京航空航天大学等单位联合发布的《2020 中国制造强国发展指数报告》显示，中国制造强国发展指数为 110.84，中国仍处于世界主要制造业国家的第三阵列，一方面要在高端装备制造领域与处于价值链高端的制造强国竞争，摆脱发达国家的技术封锁和打压；另一方面要在传统制造领域与处于价值链中低端的制造业国家竞争，消除发展中国家的人口红利和低成本挤压。

从国内制造业转型升级来看，制造业高质量发展是相对于过去制造业粗放型发展而言的概念。从过去到现在，生态环境、创新环境和人民生活环境等均发生

了变迁，过去既有的产品制造模式和流程已经无法满足现在人民对美好生活的需求。制造业高质量发展是质量与效益的高度融合，是指在保证一定基本效益的基础上，最大化地提升质量，实现质量与效益的完美结合。制造业高质量发展的提出，充分体现了新时代“创新、协调、绿色、开放、共享”的新发展理念。

2) 制造业高质量发展的复杂性

实现制造业高质量发展是一项复杂系统工程，是需要长时间才能完成的艰巨任务。凡是与制造业运行相关的事物、领域和主体等都是实现制造业高质量发展的重要环节。要想实现制造业高质量发展，必须坚持复杂系统思想，对制造业高质量发展这一复杂系统工程层层剖析、逐步实施。

制造业高质量发展的复杂性还体现在其所囊括的内容，既要有创新力、驱动力、竞争力，又要有速度、质量、品牌，还要兼顾生态环境。制造业高质量发展的目标为实现国际、国内双赢局面：对标国际，要实现突破技术封锁，迈入世界制造强国前列；对标国内，要实现制造业转型升级，既要提升品牌质量，又要守护绿水青山。

3) 制造业高质量发展的多维性

制造业高质量发展有许多维度，大部分学者都是借鉴经济发展质量和“创新、协调、绿色、开放、共享”发展理念，对制造业高质量发展进行横向维度划分的。本书以纵向方式对制造业高质量发展进行维度划分，再结合横向维度进行指标构建，形成立体型多维度划分体系。在纵向上，制造业高质量发展可分为产业结构优化升级、制造模式数据驱动和生产要素高效协同三个维度。产业结构优化升级是指高技术产业占比、制造业传统产业数字化占比和服务化占比等；制造模式数据驱动是指制造业产品生产全生命周期数据驱动率等；生产要素高效协同是指生产要素组合之间的协同水平和融合水平等。

高质量发展反映的是经济社会质态，不仅体现在经济领域，还体现在更广泛的社会、生态等领域。高质量发展既强调提质增效，又重视变革。高质量发展是全方位的变革，不仅是经济方面的质量、效率、动力变革，更是各领域、各行业质量、效率的提升和结构的优化，推动经济社会朝着更加合理、科学的方向发展，满足人民对美好生活的需要。

2.1.1.2　制造业高质量发展的维度

要满足制造业高质量发展要求，必须实现数字创新驱动、速度效益提升、要素效应升华、产业结构高端发展、品牌品质提升、绿色发展推进及融合发展深化。其中，数字创新驱动是动力变革，速度效益提升和要素效应升华是效率变革，产业结构高端发展、品牌品质提升和绿色发展推进是质量变革，融合发展深化是具体发展路径。

(1)数字创新驱动。创新驱动是制造业高质量发展的动力变革，主要为制造业高质量发展提供源源不断的动力。迄今为止，创新范式经历了线性创新、网络创新、系统创新、创新生态系统、数字创新生态系统等不同的阶段。时下，数字创新表现出强大的生命力和驱动力。制造业高质量发展应该以数字创新为第一动力，不断地增强制造业的核心竞争力。

(2)速度效益提升。制造业平稳增长是高质量发展的前提条件，是速度和效益的有机统一，是制造业高质量发展的基础。制造业发展总体平稳，发展方式正在由规模速度型向质量效益型转变。

(3)要素效应升华。制造业高质量发展需要引入高端要素或虚拟要素，融合数字技术和数字设备，优化要素配置效率，提升高端要素或虚拟要素占比，此外，还要降低生态环境破坏程度和能源消耗程度。

(4)产业结构高端发展。产业结构高端发展主要通过提升高技术产业占比、制造业数字化转型占比和服务化转型占比等来实现。产业结构高端发展是制造业高质量发展的重要方向，是中国制造业角逐世界制造强国的突破口，也是满足人民美好生活需要的必备条件。

(5)品牌品质提升。品牌品质提升是制造业高质量发展的质量变革，品牌品质可用世界品牌占比、世界500强企业占比等来衡量，是世界品牌话语权的体现。随着生活水平的提高，人民对产品品牌和品质的需求也在随之增加。品牌品质的提升不仅能让中国制造业赢得世界话语权，还能满足人民日益增长的品牌需求。

(6)绿色发展推进。绿色发展是制造业高质量发展的质量变革，相对于过去的高能耗、高消耗、高污染，绿色发展是制造业高质量发展的重要目标。绿色发展是践行“绿水青山就是金山银山”的理念，是实现可持续发展的重要抓手，也是我国由制造大国向制造强国转变的重要组成部分。

(7)融合发展深化。融合发展是制造业高质量发展的具体路径，是指制造业发展要秉持融合发展理念，加深信息化与工业化、制造业与数字产业深度融合。融合发展是国际发展大势所趋，是制造业数字化、智能化、服务化的基础，是智能制造的指导思想。

2.1.2 制造业高质量发展的指标体系构建

学者对高质量发展的评价指标也进行了热烈讨论，例如，张峰和薛惠锋

(2017)从可持续发展角度，将能源消耗和污染排放引入制造业高质量发展评价体系。张文会和乔宝华(2018)认为，制造业高质量发展涵盖创新驱动、结构优化、速度效益、要素效率、品质品牌、融合发展和绿色制造七大类。江小国和何建波等(2019)认为，制造业高质量发展包括经济效益、技术创新、绿色发展、质量品牌、两化融合和高端发展。苏永伟(2020)认为，制造业高质量发展包括经济效益、技术创新、绿色发展、质量品牌和信息化水平。通过高质量发展的文献研究和国情分析，本节构建了适合中国国情的制造业高质量发展评价指标体系，如表 2-1 所示。

表 2-1　制造业高质量发展评价指标体系

<table>
<tr><th>一级指标</th><th>二级指标</th><th>三级指标</th><th>衡量公式</th><th>属性</th></tr>
<tr><td rowspan="4">创新驱动</td><td rowspan="2">创新投入</td><td>人员投入</td><td>制造业 R&D 人员全时当量</td><td>+</td></tr>
<tr><td>资金投入</td><td>制造业 R&D 经费支出</td><td>+</td></tr>
<tr><td rowspan="2">创新产出</td><td>专利数量</td><td>有效发明专利的权数</td><td>+</td></tr>
<tr><td>新产品增加值</td><td>规模以上工业企业新产品销售收入</td><td>+</td></tr>
<tr><td rowspan="5">高端发展</td><td rowspan="3">产业结构</td><td>工业化程度</td><td>第二产业增加值/地区生产总值</td><td>+</td></tr>
<tr><td>高技术产业占比</td><td>高技术制造业主营业务收入/主营业务收入</td><td>+</td></tr>
<tr><td>高技术产业增速</td><td>(本年主营业务收入−上一年主营业务收入)/上一年主营业务收入</td><td>+</td></tr>
<tr><td>企业结构</td><td>高技术企业占比</td><td>高技术企业数/规模以上企业数</td><td>+</td></tr>
<tr><td>产品结构</td><td>高技术新产品占比</td><td>高技术产业新产品销售收入/主营业务收入</td><td>+</td></tr>
<tr><td rowspan="4">速度效益</td><td>成长速度</td><td>工业增加值增速</td><td>(本年工业增加值-上一年工业增加值)/上一年工业增加值</td><td>+</td></tr>
<tr><td>盈利水平</td><td>主营业务收入利润率</td><td>营业利润总额/主营业务收入</td><td>+</td></tr>
<tr><td>生产成本</td><td>主营业务收入成本率</td><td>制造业每百元主营业务收入中的成本</td><td>+</td></tr>
<tr><td>资产负债</td><td>资产负债率</td><td>负债总额/资产总额</td><td>−</td></tr>
<tr><td rowspan="3">要素效应</td><td>劳动效率</td><td>劳动生产率</td><td>利润总额/全部从业人数</td><td>+</td></tr>
<tr><td>资本效率</td><td>总资产贡献度</td><td>(利润总额+税金总额+利息支出)/资产总额</td><td>+</td></tr>
<tr><td>能源效率</td><td>单位工业能耗产出率</td><td>工业增加值/能源消费总量</td><td>+</td></tr>
<tr><td rowspan="2">品牌品质</td><td>产品品牌</td><td>企业 500 强占比</td><td>各省份制造业 500 强企业数/500</td><td>+</td></tr>
<tr><td>产品品质</td><td>产品三率</td><td>产品合格率、产品一等品率、产品优等品率</td><td>+</td></tr>
<tr><td rowspan="3">融合发展</td><td rowspan="2">两化融合</td><td>互联网普及率</td><td>制造业企业拥有网站数/制造业企业数</td><td>+</td></tr>
<tr><td>应用电子商务水平</td><td>有电子商务交易活动企业数</td><td>+</td></tr>
<tr><td>产融结合</td><td>产业服务化占比</td><td>第三产业占比</td><td>+</td></tr>
<tr><td rowspan="6">绿色发展</td><td rowspan="2">污染排放</td><td>工业“三废”</td><td>废水(万吨)、废气(亿标立方米)、固体废弃物(万吨)</td><td>−</td></tr>
<tr><td>碳排放</td><td>二氧化碳排放量</td><td>−</td></tr>
<tr><td rowspan="4">环境治理</td><td>工程排污力度</td><td>工程排污费</td><td>+</td></tr>
<tr><td rowspan="3">节能环保投资</td><td>工业污染治理项目本年完成投资</td><td>+</td></tr>
<tr><td>环境污染治理投资总额</td><td>+</td></tr>
<tr><td>环境污染治理投资占 GDP 比重</td><td>+</td></tr>
</table>

注：由于指标数量太多，将产品品质和工业“三废”具体衡量公式合并。

设定2000—2018年全国30个省份面板数据为考察样本（鉴于数据来源可获得性，暂不考虑西藏自治区、中国台湾地区、香港特别行政区和澳门特别行政区，以下所称中国各省份是指能够获得相关数据的30个省份）。数据来源于《新中国65年统计资料汇编》《中国统计年鉴》《中国科技统计年鉴》《中国工业统计年鉴》，部分数据通过EPS、国研网下载，企业500强占比由手工整理，对于部分数据缺失值采用插值法进行填补。为方便区域差异化分析，依据国家统计局2011年的划分办法，将30个省份分为东部、中部、西部和东北四大经济区，其中东部地区为北京、天津、河北、上海、江苏、浙江、福建、山东、广东和海南；中部地区为山西、安徽、江西、河南、湖北和湖南；西部地区为内蒙古、广西、重庆、四川、贵州、云南、陕西、甘肃、青海、宁夏和新疆；东北地区为辽宁、吉林和黑龙江。

2.2 制造业高质量发展水平测度

2.2.1 测度方法

本节采用协同论中的熵权法，对制造业高质量发展水平展开测度。熵权法根据评价指标所提供的客观信息进行赋权，是一种客观赋权方法，主要应用于多指标综合评价（李廉水和杨浩昌，2014）。

假设参与评价单元有m个，每个被评价单元的评价指标有n个，则评价矩阵$\boldsymbol{X}=(x_{ij})_{m\times n}(i=1,2,\cdots,m;j=1,2,\cdots,n)$。基于熵权法的详细评价步骤如下：

（1）评价矩阵标准化：

$$\begin{aligned}\boldsymbol{x}_{ij}&=\frac{\boldsymbol{x}_{ij}-\min(\boldsymbol{x}_j)}{\max(\boldsymbol{x}_j)-\min(\boldsymbol{x}_j)}\times 0.9+0.1\ (\text{正})\\ \boldsymbol{x}_{ij}&=\frac{\max(\boldsymbol{x}_j)-\boldsymbol{x}_{ij}}{\max(\boldsymbol{x}_j)-\min(\boldsymbol{x}_j)}\times 0.9+0.1\ (\text{负})\end{aligned} \tag{2-1}$$

（2）评价矩阵归一化：

$$\boldsymbol{p}_{ij}=\frac{\boldsymbol{x}_{ij}}{\sum_{i=1}^{m}\boldsymbol{x}_{ij}} \qquad i=1,2,3,\cdots,m;j=1,2,3,\cdots,n \tag{2-2}$$

（3）计算信息熵：

$$e_j = -\frac{1}{\ln m}\sum_{i=1}^{m} p_{ij} \ln p_{ij} \qquad i = 1,2,3,\cdots,m; j = 1,2,3,\cdots,n \tag{2-3}$$

(4) 计算各指标权重：

$$w_j = -\frac{1-e_j}{\sum_{j=1}^{n}(1-e_j)} \qquad w_j \in [0,1]; \quad \sum_{j=1}^{n} w_j = 1 \tag{2-4}$$

(5) 计算子系统有序度：

$$U_i(e_i) = \sum_{j=1}^{n} w_{ij} u(x_{ij}) \qquad w_i \geqslant 0; \sum w_j = 1 \tag{2-5}$$

(6) 综合评价指标：

$$P = \sum_{i=1}^{m} U_i(e_i) \qquad i = 1,2,3,\cdots,m \tag{2-6}$$

2.2.2　测度结果

基于表 2-1 所构建的制造业高质量发展评价指标体系，采用熵权法计算中国各省份制造业高质量发展水平及增长速率，计算结果如表 2-2 所示。

制造业高质量发展水平省际对比分析结果：2000—2018 年中国 30 个省份制造业高质量发展水平稳步提升，全国均值为 0.424；有 16 个省份均值处于全国均值以上，均值排名前五的省份分别为上海、江苏、山东、浙江和北京，排名最低的五个省份分别为甘肃、四川、云南、宁夏和新疆，且排名最高省份上海的制造业高质量发展水平均值是排名最低省份新疆的 2.10 倍。结果表明，中国制造业高质量发展水平整体偏低，省份之间差异较大，14 个省份均值低于全国均值。从增长速率来看，在样本考察期内全国年增长速率为 2.03%，有 16 个省份增长速率超过全国年增长速率，占比为 53.33%；增长速率排名前五的省份分别为天津、上海、安徽、广东和湖北，增长速率排名最低的五个省份分别是吉林、新疆、甘肃、河南和黑龙江，且排名最高省份天津的增长速率是排名最低省份黑龙江的 3.59 倍。综合而言，中国省际制造业高质量发展水平仍有大幅度的提升空间，各省份之间差异化明显。

表 2-2　中国各省份制造业高质量发展水平及增长速率

经济区	省份	均值	2000 年	2002 年	2004 年	2006 年	2008 年	2010 年	2012 年	2014 年	2016 年	2018 年	增长速率（%）
东部地区	北京	0.487	0.310	0.307	0.401	0.397	0.420	0.449	0.526	0.622	0.731	0.731	2.22
	天津	0.480	0.235	0.268	0.338	0.384	0.430	0.478	0.556	0.629	0.732	0.794	2.94
	河北	0.428	0.235	0.316	0.324	0.343	0.369	0.435	0.461	0.502	0.598	0.687	2.38
	上海	0.583	0.307	0.372	0.518	0.551	0.557	0.667	0.599	0.696	0.790	0.816	2.68
	江苏	0.527	0.283	0.314	0.424	0.413	0.489	0.572	0.617	0.658	0.735	0.743	2.42
	浙江	0.499	0.307	0.318	0.396	0.428	0.474	0.548	0.541	0.593	0.707	0.727	2.21
	福建	0.433	0.241	0.283	0.329	0.324	0.371	0.454	0.507	0.539	0.610	0.689	2.36
	山东	0.517	0.310	0.315	0.392	0.414	0.456	0.499	0.620	0.690	0.739	0.768	2.41
	广东	0.479	0.255	0.270	0.395	0.397	0.440	0.573	0.525	0.592	0.642	0.740	2.56
	海南	0.408	0.230	0.231	0.294	0.345	0.360	0.506	0.544	0.523	0.550	0.598	1.94
中部地区	山西	0.383	0.233	0.230	0.292	0.308	0.353	0.389	0.462	0.432	0.553	0.627	2.08
	安徽	0.432	0.221	0.229	0.292	0.327	0.365	0.449	0.518	0.549	0.678	0.715	2.60
	江西	0.409	0.234	0.285	0.305	0.327	0.326	0.433	0.475	0.502	0.556	0.671	2.30
	河南	0.452	0.271	0.269	0.386	0.390	0.421	0.502	0.572	0.597	0.592	0.514	1.28
	湖北	0.438	0.218	0.275	0.245	0.320	0.373	0.480	0.546	0.569	0.653	0.692	2.50
	湖南	0.424	0.206	0.249	0.270	0.316	0.385	0.456	0.516	0.573	0.618	0.648	2.33
东北地区	辽宁	0.437	0.277	0.309	0.362	0.363	0.383	0.473	0.508	0.535	0.546	0.628	1.85
	吉林	0.455	0.293	0.295	0.340	0.325	0.379	0.598	0.603	0.582	0.604	0.564	1.43
	黑龙江	0.488	0.384	0.391	0.464	0.456	0.483	0.512	0.581	0.522	0.530	0.540	0.82
西部地区	内蒙古	0.379	0.207	0.255	0.272	0.309	0.334	0.389	0.414	0.472	0.554	0.580	1.96
	广西	0.381	0.212	0.209	0.269	0.289	0.326	0.428	0.451	0.506	0.584	0.577	1.92
	重庆	0.384	0.189	0.202	0.254	0.272	0.346	0.397	0.462	0.504	0.608	0.600	2.16
	四川	0.349	0.186	0.237	0.262	0.287	0.306	0.362	0.417	0.457	0.461	0.527	1.79
	贵州	0.381	0.215	0.252	0.295	0.330	0.339	0.384	0.433	0.500	0.515	0.588	1.96
	云南	0.341	0.163	0.201	0.263	0.278	0.295	0.380	0.416	0.451	0.461	0.550	2.03
	陕西	0.409	0.304	0.306	0.346	0.333	0.329	0.427	0.521	0.495	0.525	0.634	1.74
	甘肃	0.367	0.241	0.242	0.281	0.326	0.280	0.414	0.442	0.477	0.476	0.507	1.40
	青海	0.372	0.207	0.240	0.292	0.344	0.384	0.392	0.410	0.407	0.547	0.525	1.68
	宁夏	0.328	0.197	0.222	0.271	0.282	0.296	0.334	0.387	0.383	0.446	0.494	1.56
	新疆	0.277	0.170	0.165	0.207	0.239	0.260	0.281	0.294	0.338	0.375	0.439	1.42

注：限于篇幅，测度结果隔年汇报；全国均值为 0.424，全国年增长速率为 2.03%。

2.2.3　区域差异性

为更深入地分析四大经济区制造业高质量发展水平在观察期的特征与区域

差异，本节分别对东部地区、东北地区、中部地区和西部地区的制造业高质量发展水平求均值，并绘制演化趋势图，中国制造业高质量发展水平区域差异性如图 2-1 所示。

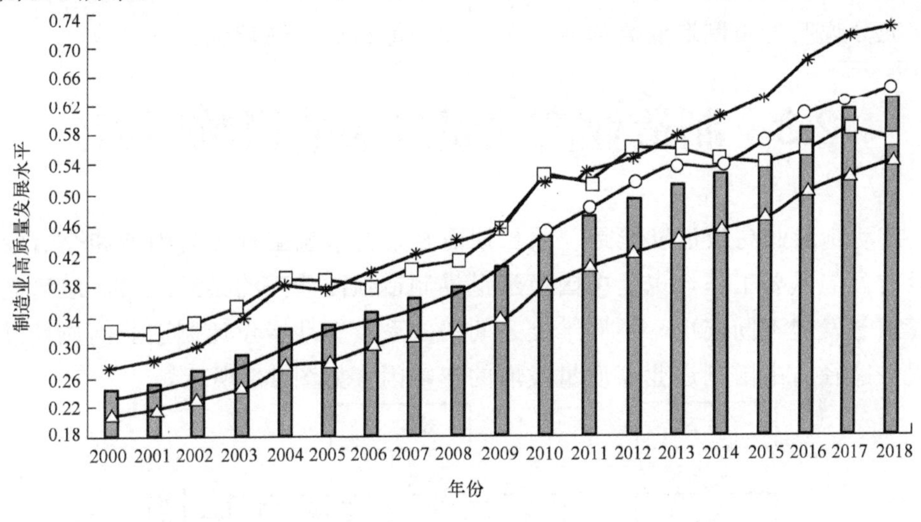

图 2-1　中国制造业高质量发展水平区域差异性

(1)整体分析。东部地区制造业高质量发展水平从 0.271 上升到 0.729，年增长速率为 2.41%；中部地区制造业高质量发展水平从 0.230 上升到 0.645，年增长速率为 2.18%；东北地区制造业高质量发展水平从 0.318 上升到 0.577，年增长速率为 1.37%；西部地区制造业高质量发展水平从 0.208 上升到 0.547，年增长速率为 1.78%。2000 年，中国制造业高质量发展水平呈东北地区、东部地区、中部地区、西部地区依次递减趋势，但 2000—2018 年高质量发展水平的增长速率呈东部地区、中部地区、西部地区、东北地区依次递减的趋势，两者趋势截然相反。由此推断，中国制造业高质量发展水平较低的省份和地区相对高质量发展水平较高的省份和地区存在追赶效应，尤其是中部地区和西部地区追赶效应显著，而东北地区出现增长速率为负值的情况。

(2)局部分析。中国制造业高质量发展水平具有明显的阶段特征，大致可分为 2000—2010 年和 2011—2018 年两个阶段。具体而言，2000—2010 年，东部地区、东北地区、中部地区和西部地区年增长速率分别为 2.24%、1.91%、2.01%和 1.57%；2011—2018 年，东部地区、东北地区、中部地区和西部地区年增长速率分别为 2.48%、0.76%、2.07%和 1.79%，除东北地区增长速率减小外，其余三个区域增长速率均上升到原来的 2 倍左右。究其原因，一方面 2009 年中国制造业产出规模首次超越美国后，开始追求结构调整和效率变革，国家重要机关及部委密集发布制造业相关文件，旨在促进制造业转型升级；另一方面，中国制造业高质量发展水平在 2008 年国际金融危机时期，并没有出现大幅度降低，充分说明中国制造业高质量发展韧性十足和稳定性较强。

2.3 制造业高质量发展的影响因素

推动制造业高质量发展是一项长期而复杂的系统工程，是当前和今后较长一段时间的重要工作，也是中国迈进世界制造强国前列的必经之路。厘清制造业高质量发展不同层次、不同维度之间的关系，有助于设计制造业高质量发展的提升路径。中国制造业高质量发展的影响因素如图 2-2 所示。

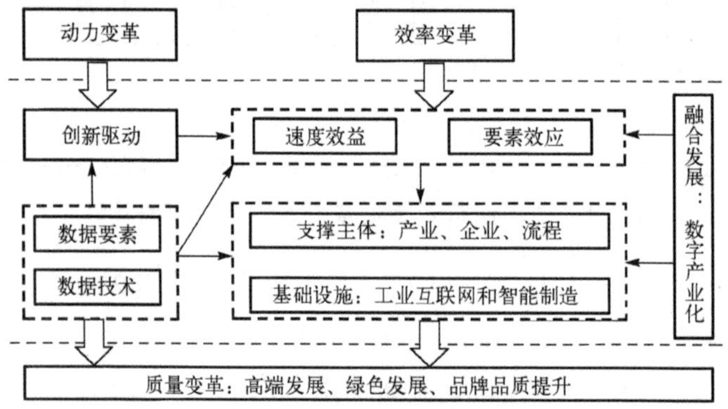

图 2-2　中国制造业高质量发展的影响因素

创新驱动是制造业高质量发展的动力变革，主要为制造业高质量发展提供源源不断的动力。速度效益和要素效应是制造业高质量发展的效率变革，而高端发展、绿色发展和品牌品质提升是制造业高质量发展的质量变革，数字产业化表示制造业高质量发展的融合发展。数据要素和数据技术在这个过程中起到了驱动作用，本书后面章节将从数据要素和数字技术两个视角具体解析工业大数据赋能制造业高质量发展的机理。

根据制造业高质量发展影响因素的分析，设计实现中国制造业高质量发展的提升路径需要把握两点：一是能够涵盖制造业微观、中观和宏观层面；二是坚持效率和效益统一。

(1)深化供给侧结构性改革，加快传统产业结构优化升级。产业结构优化升级的难点在于实现传统企业数字化改造和提高服务性业务占比，本书提出以下两个提升路径：一是通过大力发展工业互联网等新产业、新业态和新模式，对

传统制造业进行改造提升，促进传统产业链向两端延伸，实现两化深层次融合和服务化转型；二是应用工业大数据、人工智能、区块链和边缘计算等数字技术对传统产业进行全方位、全角度、全链条的数字化赋能，推动体系重构、流程再造和数字创新，促进形成新的产业结构和新的生产模式。

(2)推进数据驱动型制造，大力发展工业数字经济。以工业大数据为核心的数字革命，引发了工业领域的系列变革，催生了工业数字经济和智能制造新产业、新业态和新模式，给中国制造业高质量发展的模式创新提供了契机。智能制造是数据驱动型制造模式的集成，将制造业在自动化和信息化的基础上推向智能化，压缩了产品全生命周期，提升了产品质量。工业数字经济属于多元虚实融合型经济，通过优化制造业产业结构、提升资源配置效率，最终实现制造业转型升级和提质增效，驱动制造业高质量发展。

(3)优化生产要素供给，实现多要素高效协同。制造业高质量发展离不开生产要素，而优化生产要素供给能够实现多要素高效协同。具体包括两个方面：一是提高传统要素配置效率，降低制造业高质量发展的要素成本；二是增加新型要素的供给，培育新型要素市场，促进新型要素自由流动，为制造业高质量发展提供新动能。重点提升路径是增强数据要素、知识信息等新型要素供给水平，加快新型要素与传统生产要素的有机整合，实现多要素高效协同，释放融合放大效应，提高要素质量、配置效率和使用效率。

2.4　本章小结

(1)制造业高质量发展的内涵与指标体系构建。首先，分析制造业高质量发展的内涵，主要包括制造业高质量发展的性质和制造业高质量发展的维度。其次，通过高质量发展的文献研究和国情分析，构建适合中国国情的多维度评价指标体系。

(2)制造业高质量发展水平测度。基于制造业高质量发展评价指标体系，采用协同论中的熵权法计算各省份制造业高质量发展水平及增长速率。并分别对东部地区、东北地区、中部地区和西部地区的制造业高质量发展水平求均值，进而深入分析四大经济区制造业高质量发展水平在观察期的特征与区域差异。

(3)制造业高质量发展的影响因素分析。首先，厘清制造业高质量发展不同层次、不同维度之间的相互关系。其次，根据制造业高质量发展的影响因素分析，提出深化供给侧结构性改革，推进数据驱动型制造和优化生产要素供给的中国制造业高质量发展提升路径。

第3章

工业大数据赋能制造业高质量发展机理

生产要素是进行经济活动的各种社会资源，需要经过加工，投入生产过程才能形成最终有价值的产出。生产要素的加工主要涉及人、物及组合方式三个层次，不同的组合方式是影响产出价值的关键因素(Karine 等，2014)。本章根据生产要素的不同组合方式，提出数据要素型赋能范式和数字技术型赋能范式，延伸工业大数据作为新生产要素的内涵，是对生产要素演进最新范式和规律的理论突破。内容安排遵循“典型案例导入—价值孵化机制—赋能支撑技术—赋能范式衍生—赋能机理解析”。

3.1 工业大数据典型案例导入

无论是制造业产业层面还是制造模式层面，均有工业大数据赋能的具体案例可循，这为探索工业大数据赋能制造业高质量发展的机理提供了现实依据。本节根据工业大数据现实发展情况和具体应用领域，将典型案例分为区域案例、企业案例和场景案例三种类型，分别进行提炼和概括。案例的导入是理论构建的现实依据和理论起点，也是检验理论实践性和科学性的有效手段。

3.1.1 区域案例导入

综合考虑中国四大经济区省域分布，遴选具有代表性的贵州省和珠三角地区作为区域案例。工业大数据对区域赋能主要体现在两个方面：一是通过传统制造业数字化转型升级拉动工业增长；二是通过数字产业化形成工业新增长点。

3.1.1.1 贵州省

贵州省是全国最早发展大数据的省份，贵阳大数据交易所于 2015 年 4 月 14 日正式挂牌运营，是全国第一家大数据交易所。历经多年实践和探索，贵州省大数据产业的发展在平台建设、产业发展、基础建设、融合运用、数据融通和惠民服务等多个领域都已取得不俗成效。具体而言，在平台建设方面，建设创新平台、设立产业发展基金、提升创新水平及成立产业联盟，不断增强发展后劲；在产业发展方面，三大业态(衍生业务、关联业务和核心业务)快速发展，加快构建大数据全产业链，规模总量高达 1600 亿元；在基础建设方面，全面落实信息基础设施建设“三年会战”，完成投资累计高达 150 亿元；在融合运用方面，大数据与服务业、工业、农业的融合发展速度加快，不断提升公共服务化水平，惠民红利全面释放；在数据融通方面，云山贵州系统平台汇聚应用系统多达 534 个，聚集数据量高达 1 万 GB，日访问高峰高达 10 亿次；在惠民服务方面，大数据在重点领域得到了广泛应用，如精准扶贫、公共交通等，让广大民众享受到大数据的红利。

3.1.1.2 珠三角地区

国内第一批确定的跨区域类大数据综合实验区是珠三角地区，于 2016 年 10 月成立，拥有 5.6 万平方千米的实施范围，囊括珠三角九大市区，形成“一区两核三带”的总体格局。综合实验区以数据流引领人才流、资金流和技术流，不断强化数据要素流通，支撑跨区域产业转移、社会治理及公共服务，推动区域一体化快速发展。珠三角地区依托深圳、广州等地高度发达的电子信息产业优势，充分发挥国家超级计算机中心的集聚作用，在一批龙头企业的带领下，大数据聚焦发展态势逐步形成。当前，在珠三角地区境内，省级大数据产业园多达 15 个，珠三角地区已入驻 588 家相关企业，同时，有 78 个重大项目正在建设中。整个大数据产业体系已经初见规模，产业链已经趋于完整化。2020 年年底，已建成的大数据众创空间达到 10 个左右，在建创客和中小微企业达到 500 家以上，催生出一批新兴业态企业。龙头企业和电信运营商开放平台和数据资源，已建成 4 个大数据创业创新孵化项目。

3.1.2 企业案例导入

工业大数据对制造业企业的影响更多体现在企业整体效益和生产效率两方面，本书选取东方国信和航天云网两个企业案例进行导入。

3.1.2.1 东方国信 BIOP 工业大数据平台

东方国信依托自主可控的工业大数据研发和服务能力，打造了 BIOP 工业大数据平台，并于 2017 年 6 月在第 21 届中国国际软件博览会上正式发布展示。BIOP 平台对标 GE Predix、西门子的 MindSphere 等，具备多样化功能，如数据的采集、传输存储、可视化、建模和应用等。同时，平台设备端和服务端之间能够实现全面无缝衔接，通过对现有生产端实时数据的整合，如 GPS、ERP 和 MES 等，对其进行汇总分析，提供多种生产运行管理服务，如物流管理、能效监管和生产管控等。除此之外，面向第三方开放相应的功能模块。BIOP 平台应用场景涵盖流程制造、矿山安全、离散制造、工业及城市锅炉等方面，并不断向其他领域拓展，如空压机、智慧照片、城市供热、水电及风电等。以炼铁大数据智能互联网平台为例，截至 2017 年 7 月，该平台高炉系统覆盖率在全国占比已达 60%，年均节约冶炼成本高达 100 亿元，并减少 1000 万吨 CO_2 的排放。

3.1.2.2 航天云网工业物联网大数据开放平台

航天云网工业物联网大数据开放平台，是 INDICS 平台体系下工业大数据领域的解决方案，具体包括数据采集层、数据分析层、业务服务层、数据库及外部系统等组成部分，可提供运营优化服务、资产性能管理、资产及产品的云端接入等服务。除此之外，该平台以大数据为基础，优化供应链、产品创新应用、工业治理应用，优化分析生产性能等。凭借高价值数据资源和制造过程的汇聚，促使数据创新潜力得到全面激发，重构产业价值链体系，带动智能制造模式创新。航天云网是国内首个工业互联网平台，仅上线半年，覆盖范围就多达 31 个省、市，吸引上线企业多达 5.7 万家，签订 2.3 万单线上合同，成交金额高达 15 亿元。航天云网有助于加快推进国内供给侧结构性改革，促使制造业资源使用率有效提升，促进国内工业企业互利共赢、能力协同、资源共享，有效整治“僵尸企业”，驱动制造业转型升级，助力制造业高质量发展。

3.1.3 场景案例导入

由于工业大数据贯穿产品的整个流程，本书将其具有代表性的应用场景归结为两类：智能化设计、智能化生产。

3.1.3.1 工业大数据赋能智能化设计

作为工业化企业，要想确保全流程智能化生产目标得以实现，其先决条件

是智能化设计。设计数据所包含的内容较多，有企业设计者或消费者利用相应辅助工具设计出的个性化数据、产品模型及相关资料，如 CAE、CAD 等。在设计环节运用工业大数据，可促使研发人员的研发质量、效率及能力得到大幅度提升，同时，也可对协同设计起到良好的推动作用。客户和工业企业间的交易行为、交互行为都将导致数据的大量产生，对这些动态数据展开深入发掘和分析，可让客户切实参与到产品设计、需求分析等活动中，最终推动实现新型产品协作和模式创新。在具体设计产品生产周期的过程中，得益于工业大数据平台的支持，能够给有需求的决策者快速精准地推送相关设计知识。还能使设计中产生的新知识快速融合，促使产品设计大数据进一步丰富和完善，使工业大数据—决策者形成闭环。

3.1.3.2　工业大数据赋能智能化生产

智能制造的主线是智能化生产，智能化生产凭借智能设备及系统的升级、融合，促使制造流程的智能化和过程的自动化。从数据采集到生产阶段的具体流程为：对数据之间的关联关系进行分析，分析的结果反馈对生产起到指导作用。在制造工艺场景中，其关键在于生产工艺参数，针对设备的一系列关联性数据展开深入发掘，形成一个数据闭环，由此可得到最佳生产质量调控措施和最优工艺参数区间等，并促使产品制造品质得以全面提升。在复杂产线设备健康管理领域，科技创新的步伐越发加快，工业化水平不断提升。与此同时，系统的规模以显著的速度扩张，集成设备数量爆发式增长。为评估这些复杂系统的可靠性和健康度，需要利用传感器感知设备，并从实时数据库系统获取设备相关数据。凭借工业大数据，可针对生产过程中的决策进行实时优化，有益于建立复杂系统的精准模型。因此，一系列具有自适应、自学习、自控制、自感知能力的智能工厂、车间及生产线应运而生，推动产品制造朝着高效率、高质量、高安全性和绿色的方向发展，驱动生产过程的智能化升级。

3.1.4　案例启示

通过对典型案例进行归纳提炼，结合制造业高质量发展的主体，得出工业大数据赋能产业结构、制造模式和生产要素三个层次的启示。

3.1.4.1　启示 1——产业结构

产业结构升级必须由一定的技术变革推动，从微观层面来说是提高生产效率，从宏观层面来说是以创新驱动实现高质量发展（任保平和豆渊博，2020）。

微观层面，工业大数据通过科技创新和技术变革，推动企业转型升级，提高企业的生产效率，促进产业链的升级。宏观层面，工业大数据大幅度提高了资源在不同部门之间的流动速率和效率，推动了传统生产方式转变为智能生产，以创新驱动实现高质量发展。5G网络、大数据中心、工业互联网等“新基建”将加速推进工业大数据在更多应用场景中落地，与各行业深入融合，成为推动传统产业高质量发展和数字化升级的核心驱动力。面对工业大数据深度赋能百业的发展新趋势，各大数据企业不断探索“行业+大数据”的新业态、新模式，把工业大数据技术嵌入更多垂直行业，赋能更多企业，加速数字化转型升级，依托新技术、新资源应对市场变局，优化制造业产业结构，驱动制造业高质量发展。

3.1.4.2　启示2——制造模式

制造模式涉及产品生产全生命周期，依托工业大数据，可促使制造生产全流程的智能化，促使产品产出效率和质量得到全面提升，缩减生产周期和降低能源消耗。智能制造模式正是通过工业大数据共享，实现供需双方无缝对接，针对产品生产各个环节实现精准赋能的。从制造模式的发展进程出发，以满足个性化需求为导向的定制化生产正健康快速发展，以智能工厂作为载体，“工业大数据+”制造模式正不断发展，以提升用户体验为目的的服务化延伸正处于快速普及阶段，以激发新动能为特征的平台化运营也取得了显著成效，而立足于资源共享的协同化组织应用也更为广泛。工业大数据在产品全生命周期各个环节均能产生赋能增值效应，如研发环节、制造环节和流通环节等。

3.1.4.3　启示3——生产要素

工业大数据兼具数据要素和数字技术双重属性，一方面，工业大数据能够直接成为单独要素参与生产过程；另一方面，工业大数据作为一种桥梁型生产要素，与传统生产要素进行连接和融合后参与经济生产过程（谢康等，2020）。生产要素不仅需要具备价值共创潜力，而且需要与生产资料相结合，即生产要素的价值实现或提升需要投入生产过程。对工业大数据而言，其本身不会自发地产生价值。工业大数据成为新生产要素，不只生产要素种类或数量增加，而且促进现有生产要素之间形成更密切的交互关系，进而形成推动制造业高质量发展的动力，工业大数据的介入能够重构生产要素体系。

3.2　工业大数据价值孵化

工业大数据本身并不是本书研究的重点，重点在于工业大数据背后未被挖掘的潜在价值，工业大数据隐藏的空间价值更是无边界的。正如老子《道德经》所阐述的“有之以为利，无之以为用”，所有事物实体给人们提供可见的、可凭借的基础性条件，而人们真正使用和进行价值创造的在于其中可变化、隐藏的无限可能。作为虚拟生产要素，工业大数据同样具备“有形”价值和“无形”价值。工业大数据的实体是指可以度量的、固定的、有别于其他实体的量级，工业大数据隐藏的空间是指无边界的、变化的、发挥效用的无限可能性。

借鉴李天柱等(2016)学者的思想，我们引入生物学孵化的概念，将工业大数据价值的实现比喻为卵生动物的孵化过程，构建一个包含“价值孕育—价值萌发—价值膨胀—价值突破”的工业大数据价值孵化机制。工业大数据价值孵化过程正是老子所释义的“有”和“无”的辩证统一，工业大数据无形的机会空间才是真正的价值创造的不竭源泉。

3.2.1　价值孕育

新一代信息技术和实体经济的深度融合已然成为大势所趋，在这种情况下，企业不断积累种类繁多的各项数据。各环节的各类数据集成，是工业大数据的基础所在，其中包含跨界数据、物联网和信息化数据，这些数据具有异构性、多源性和复杂性等特征。多源异构数据碰撞融合才有价值，实现工业大数据的第一目标是构建“资源地”(张旺和程慧平，2020)。但是，并非所有的工业大数据都可以孕育价值，我们把能够孕育价值的工业大数据归纳到资源池中。多源异构数据利用资源池提供的养分，通过孵化机制方可释放和放大价值，犹如卵生动物胚胎孵化一般，资源池被称为价值孕育的摇篮。

工业大数据所涵盖的范围极广、种类繁多、流程较长，包括客户、产品研发、售后及生产等一系列数据，工业大数据进入资源池前必须进行质量检测，以最大限度地减少甚至杜绝数据不一致、不完整、复用性差和不准确等问题。经过质量检测后的大数据数量庞大，因此需要对工业大数据进行归类、编目和明细描述，以便数据使用者更易发现数据，企业管理者更高效地管理数据，有利于其价值的充分挖掘。因此，需要充分发挥工业大数据资源编目的优势和作用，以元数据描述作为基础和前提，以资源池中的数据为支撑，展开数据资源编目(包含多源异构数据的描述信息)，以方便数据使用者对资源池中的数据进行定位、获取和检索，方便企业决策者对资源池数据及管理状态做出全方位监管，确保大数据资源池可用、可监管和可视化。

3.2.2 价值萌发

工业大数据经过质量检测和编目进入资源池后，资源池就具有了孵化功能，工业大数据相当于生物学的“卵”。鉴于数据本身并不具有价值，需要将工业大数据进行知识化和信息化(McAfee 等，2012)，工业大数据知识化和信息化后形成数字化的知识和信息，本书将数字化的知识和信息形成过程称为工业大数据价值萌发。工业大数据价值萌发就是感知信息和提炼知识，其核心在于如何把海量的工业大数据转化为信息，把信息转化为知识，把知识转化为决策，以解决制造业过程中的复杂性和不确定性等问题。上述系列转化过程，可综合概括为工业大数据知识建模。

工业大数据建模的本质就是转化信息和发现知识，按照 DIKW(Data、Information、Knowledge、Wisdom)体系的观点，知识是信息的关联。知识的作用就是让决策者通过一部分信息中推断出另一部分信息。发现知识就是为了寻找一种映射 F，将工业大数据 X 映射到知识 Y：$F(X)\to Y$。从工业大数据中萃取知识时，决策者一般并不知道 F 的构成，但可以事先分析。工业大数据建模是根据一部分能够直接获得的数据获得另一部分不容易直接获得的数据。不失一般性，工业大数据建模可表述为 $F(X)\Rightarrow Y$，X 为可获得的数据，Y 为希望得到的数据，F 为 X 到 Y 的映射。建模就是选择 X，确定其定义域，并获得映射 F 的过程。对于工业领域系统，人们往往有着相对丰富的领域知识。在很多情况下，X 应该包含的内容、F 的形式都是已知的。科学模型往往能高精度地描述客观物理对象及其运动过程，如果模型的结构和参数都是正确的，那么模型的精度、真实性和可靠性往往就是一致的。一般情况下，对于结构确定的模型，人们往往能够通过优化误差、模型参数，从而逼近真实的模型。通过转化而得到的知识被应用于生产过程，就称为数字化生产要素。

3.2.3 价值膨胀

工业大数据与传统生产要素融合的过程能够释放一部分价值，但工业大数据的大部分价值却并未得到充分利用。本书认为数字化生产要素价值创造主要有常规应用和跨界应用两个阶段，称其为价值膨胀阶段和价值突破阶段。价值膨胀阶段主要指企业从生产经营相关业务数据和设备物联数据中获取有价值信

息的过程，不涉及跨界数据和跨界应用，属于对数字化生产要素进行常规创新应用。价值膨胀阶段，主要是从数据集中发现新知识与模式，对有价值的新信息加以充分发掘，进一步推动制造企业产品不断创新，拓展全新的商业模式，提高运营能力和运作效率，以实现制造业高质量发展。

价值膨胀阶段主要体现了工业大数据的异质性，该阶段并未发生多源异构数据深度融合，工业大数据价值创造仅仅适用于企业内部或某一制造环节。但是，在工业大数据膨胀阶段需要对数据资源进行更新和补充，促使多源异构数据共享、共通和交叉融合，并且形成“数据共享—数据分析—数据应用”的正反馈循环。

3.2.4　价值突破

工业大数据真正的价值主要在于跨界关联、产业链关联和物理信息关联应用，驱动制造业企业进行协同创新和协同生产。工业大数据通过连接产业链上下游各个细分行业主体，驱动商业模式创新，进而形成数字生态。工业大数据能够实现跨界数据整合，推动网络化、自动化和信息化深度融合，完成超越产业链内外的集成与整合。在充分利用大数据进行价值突破的阶段，首先突出智能互联产品的创新（Porter 等，2014），此外，还要兼顾制造服务和智能制造。得益于大数据，制造业各环节的智能化升级得以实现，智能协同得以实现，生产要素配置得以优化，资源利用效率得以提升。另外，工业大数据的介入能够减少产品中间环节，从而显著提升制造业高质量发展水平和竞争力。

3.3　工业大数据赋能支撑技术

价值孵化后对工业大数据创造价值进行传递和获取，只有借助一定的数据智能支撑技术，才能为工业大数据提供一个高效率、安全可靠的赋能环境（Liu 等, 2019）。以美国 2012 年发布的 *Challenges and Opportunities with Big Data* 白皮书中有关大数据生命周期的描述为参考（Labrinidis 等，2012），本书分别对工业大数据采集技术、工业大数据存储与安全技术、工业大数据分析技术 3 个流程环节进行概述。

3.3.1　工业大数据采集技术

将生产过程中生产设备产生的各类离散数据实时、完整地采集到数据库中，为各种智能应用提供数据基础，即工业大数据采集。根据采集技术是否进行组合，主要分为工业大数据单点采集技术和组合采集技术两种。

3.3.1.1 工业大数据单点采集技术

单点采集技术是工业大数据采集的基础，可以理解为数据采集设备与感应设备建立单通道连接，并将感应设备中产生的某项数据采集出来，对其进行处理、传输和保存等操作。工业大数据单点采集与汇集技术的架构可分为 4 个层次，分别为感应层、采集层、存储层和应用层，每一层分工明确，互不干扰，保证数据采集与汇集的稳定和高效。实施流程为：首先，用户通过采集配置模块对数据采集项和采集周期进行配置；其次，数据采集模块按照设定的数据采集项和采集周期对感应设备进行持续的数据采集；再次，存储层将采集上来的数据进行缓存，保障数据传输和使用效率；最后，存储层将数据进行持久化操作并分发给对应的程序。

3.3.1.2 工业大数据组合采集技术

单点采集技术通过各个采集通道采集的数据项均是离散型的，各类数据的采集、传输均独立，这保证了数据间不会相互干扰，但也导致数据间没有形成相互关联的关系网络，后续难以进行准确的关联分析，数据间关联关系的利用率难以保障。因此，可以采用组合采集技术，以解决单点采集技术的不足。组合采集技术能对工业设备的多种数据项进行组合采集，建立数据之间的关系网络。组合采集技术也适用于其他以数字化控制为基础的自动化设备的数据分析应用，在开放式智能制造生态系统中，组合采集技术的应用前景极为广泛。

3.3.2 工业大数据存储与安全技术

工业领域每天产生的数据量正以指数形式爆炸式增长，对工业大数据存储与安全提出挑战，需要工业大数据分布式存储技术与数据加密技术的支撑。

3.3.2.1 分布式存储技术

Hadoop 是可以对海量数据进行分布式存储和分析处理的一种框架，也是云计算的技术核心所在。Hadoop 是由 Apache 基金会开发的分布式系统基础架构，其优势有高效、可靠、成本低及拓展性好等。Hadoop 为用户提供各种应用程序接口，用户只需使用 Hadoop 的各种功能而不需要知道其具体细节。因此，它的功能实现对用户是不可见的。Hadoop 为每个存储数据节点都做了备份，体现了其可靠性所在，设计 Hadoop 的人员认为，节点失效是较为常见的事，而在

多个备份的情况下，当某节点失效时，系统能够快速分配新的节点来继续完成任务。当新节点接到任务后，会再次增加一个新的备份节点，与之前备份份数完全一致。通过 Hadoop 的并行运行方式，可以看出其高性能特征，各节点之间通过流式对数据进行访问，在具体的运算过程中，各节点同步运作，这就相当于一个节点的速度提升了 N 倍。

3.3.2.2　数据加密技术

在网络中，最基本的安全技术即数据加密技术。该技术主要针对网络传输中的数据进行加密处理，以此来保证其安全性，作为一种主动安全防御策略，只需付出较小的代价即可提供强大的安全保护，以保障信息安全。考虑到云计算与工业大数据结合的特性，采用的主要数据加密技术包括客户端加密、云服务端加密、密钥加密和硬件加密。一般的客户端都需要加密，客户端加密主要做的是数据可见性；云上加密通过云端服务加密得以实现，用户可凭借加密服务管理密钥，也可以利用多种加密算法对数据展开加密运算；现有的云服务商，可通过提供基础性的密钥加密方案来对基于云的服务和应用开发进行保护，也可将这些保护措施交给用户，让其自行使用。作为云服务商，当其朝着支持健壮密钥管理方案发展时，需要投入更多成本来清除采集数据的障碍；硬件加密主要包括基于存储层的存储设备、嵌入式专门加密软件和加密存储安全交换机等。

3.3.3　工业大数据分析技术

3.3.3.1　时序模式分析技术

工业过程通常伴随着技术的发展，工业企业各大生产设施都加装了各类不同的传感器，由于这些传感器的存在，不断产生庞大的时序数据，设备各方面信息得以系统化展现，针对这些时序数据展开分析，可分析设备的利用效率，优化设备能耗，实时预警设备故障并做出及时诊断。需要注意的是，很多重要的信息都是隐藏在时序结构模式中的，只有对其进行深入发掘，才可确保所构建数据模型效果的稳定性。从时间序列类算法来看，工时序数据主要分为切片算法、分类算法、预算算法、分解算法和异常变动模式检测算法。

3.3.3.2　多源数据融合分析技术

在企业生产的各个环节，会产生庞大的管理经营数据，其中包含源头各异的结构化和非结构化数据。通过对这一系列数据的充分利用，可以对市场价格做出合理预测，企业可进行精准化销售，并实时管控产品质量，促使企业各项能力得到显著提升。在看到数据带来巨大优势的同时，也应看到多源数据带来的技术挑战，由于数据源不同，数据无论在质量上还是在可信度上，都存在明显差异。此外，在不同业务场景下，不同来源数据体现出来的表征能力也存在明显差异。因此，必须借助相应的技术手段，对这些多源数据加以融合。针对多源数据分析的技术较多，如关联规则、统计分析算法、聚类算法、深度学习算法及分类算法等。

3.4 工业大数据赋能范式衍生

范式(Paradigm)最早是由美国哲学家 Thomas Samuel Kuhn 于 1962 年为阐述科学革命结构而提出(Kuhn，2012)的。范式是一种得到公认的理论体系，是科学理论内在的演化规律。最早的范式并没有涉及经济内涵，直到 1982 年，乔瓦尼·多西在 Kuhn 所提范式的基础上，首次提出“技术范式”的概念。Dosi(1982)认为技术范式是一种解决技术经济问题的工具或方法，能够对技术创新产生新挑战。就在技术范式被提出来 6 年后的 1988 年，弗里曼和佩蕾丝结合技术革命又阐述了技术经济范式。技术经济范式比技术范式更为具体化，更能融入经济社会，技术经济范式主要描述颠覆性技术革命广泛渗透和应用于经济系统后，对微观企业、宏观产业和中观流程所造成的颠覆性影响，重点突出的是颠覆性技术的出现和引发的变革(Freeman 等，1988)。

3.4.1 数字技术经济范式分析

3.4.1.1 数字技术经济范式形成逻辑

工业大数据价值化能够拓展数据价值的虚拟空间，重构传统生产要素体系，催生数字技术经济范式。工业大数据兼具数据要素和数字技术双重属性，已经成为数字革命时代的中流砥柱。佩蕾丝在阐述技术经济范式时，多次提到新技术、新产品。本书认为，工业大数据正是新技术和新产品，符合佩蕾丝提出的技术经济范式形成逻辑。佩蕾丝还多次提到新技术经济范式，数字技术经济范式就是新技术经济范式的下一阶段，是由技术创新集群培育到一定程度及生产要素高端化后的一个阶段性产物。根据佩蕾丝的思想，数字技术经济范式正是时下数字革命带来的技术经济范式的跃迁，而诱发数字技术经济范式跃迁的正是以大数据为核心的系列数字技术集群，数字基础设施、新业态和数字产品呈

现爆炸式发展，数字技术的扩散对生产过程的各个方面均产生复杂影响。工业大数据重构生产要素体系，主要是因为数据要素和数字技术成为核心驱动力。其中，中国学者刘昭洁(2018)在其博士论文中明确提出，在社会资本再结构化、网络基础组织形式和技术经济秩序框架下，数据要素和数字技术协同催生出数字技术经济范式。综上所述，工业大数据兼具数据要素和数字技术双重属性，必然催生数字技术经济范式。

3.4.1.2　数字技术经济范式生命周期

在近代，人类社会相继出现过五次技术革命，每次技术革命不可避免地会引发一次范式跃迁，产生新的技术经济范式。根据五次技术经济范式变迁规律，提出第五次技术经济范式是由数字技术集群产生的数字技术经济范式，其生命周期遵循 Logistic S 曲线规律，数字技术经济范式生命周期如图 3-1 所示。

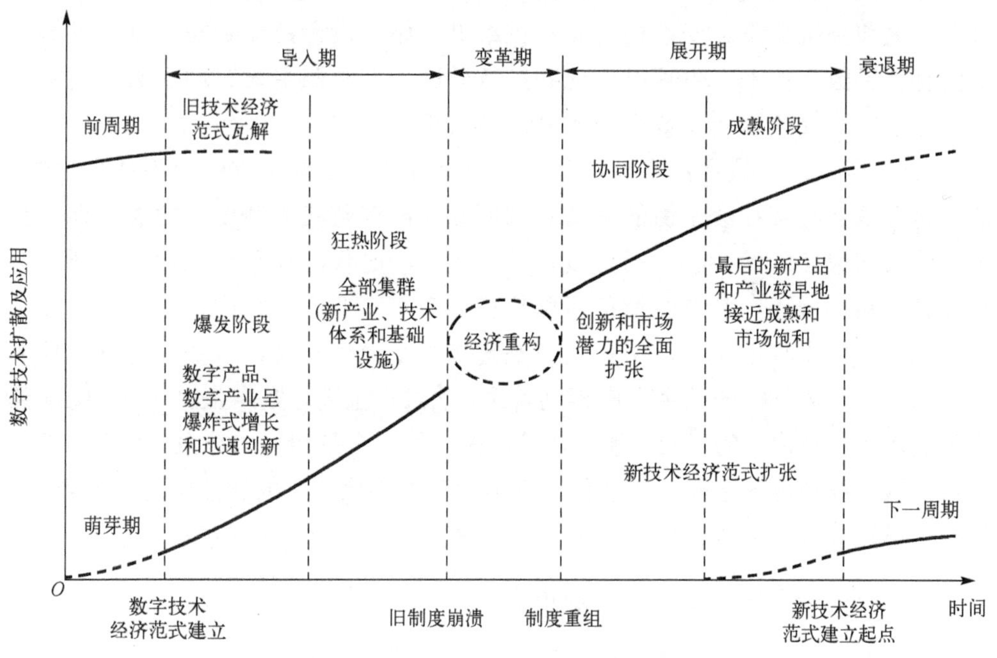

图 3-1　数字技术经济范式生命周期

数字技术经济范式生命周期可划分为三个阶段：导入期、变革期和展开期。从导入期到展开期并非一蹴而就，而是需要经过一段时间的适应、调整和扩散，本书将其称为变革期。导入期和展开期大致会持续 30 年，而整个数字技术经济范式生命周期 50～70 年。数字技术经济范式各个阶段的特征如下。

(1) 在导入期，数字技术出现在技术经济体系中，并对技术经济体系的结构产生剧烈冲击，促使新型基础设施被大量投资建设。按照数字技术渗入程度，把导入期分为爆发阶段和狂热阶段：①爆发阶段是数字技术革新的时代。数字技术刚刚引入，规模不大，但应用空间广阔。技术经济范式中的传统产业市场已经饱和，亟待数字技术经济范式进行重构，技术经济范式中积累的大量资金开始疯狂投资于数字产品、数字产业和数字技术等领域。最终导致技术经济范式出现裂痕甚至断裂，为数字技术经济范式的培育、壮大提供条件；②狂热阶段是金融资本主导的时代。数字技术经济范式已经建立起来，完全挣脱了技术经济范式束缚。金融资本起主导作用和支配作用，积极的开拓者掌握着金融资本，非常热衷于试错性投资。虚拟经济与实体经济边界逐渐模糊甚至消失，旧秩序已经无法适应，数字技术经济范式秩序逐渐建立，并在大量投资背景下顺利进行。

(2)变革期是数字技术经济范式非常重要的一个时期，技术经济范式常常会出现衰退和重组现象。变革期首先从供给侧开始，慢慢延伸到需求侧。供给侧主要有利于数字技术产生辐射效应和扩散效应，需求侧主要有利于数字技术产生体验效应和反馈效应，数字技术经济范式正式建立。

(3)在展开期，数字技术经济范式重组经济社会结构，重塑经济社会生态，最终达到数字经济社会平衡的格局。按照数字经济范式成熟度，把展开期分为协同阶段和成熟阶段：①协同阶段是数字生产的时代。经历导入期后，新型基础设施已初具规模，具有新增值引擎特征的数字产业已经得到培育，数字技术经济范式占据主导地位。数字化快速渗透到整个经济社会，以资源配置高效率和产品高质量为特征的数字生产得到普及，此时真正迈入数字生产时代。②成熟阶段是数字产品饱和的时代。越迟开发出来的数字产品和技术体系，生命周期越短暂，这主要是由社会高度数字化、智能化和网络化带来的智能学习所导致的，智能学习能够自我革新、自我优化，同时孕育引发下一次技术革命的思想。

3.4.1.3 数字技术经济范式演进现状

根据数字技术经济范式生命周期和范式演变判断尺度，本书认为数字技术经济范式萌芽于 20 世纪 70 年代，建立于 20 世纪 80～90 年代，兴起于 21 世纪。萌芽的主要标志是微处理器芯片的诞生；建立的主要标志是互联网、大数据等新一代信息技术的出现；兴起的主要标志是互联网、大数据等新一代信息技术的普及。本书根据数字技术经济范式生命周期，以欧阳日辉(2015)提出的历次技术革命时间为尺度，对第五次技术革命引发的数字技术经济范式基本阶段进行识别，明晰数字技术经济范式演进现状，为有效把握经济社会发展和演进规律提供依据。本书认为目前世界正处于第五次革命导入期和展开期的交汇期，具体为变革期后半程、展开期协同阶段前半程。此外，根据技术革命更替的规律，基本阶段之间存在叠加现象，结合贾根良(2016)对当前世界科技发展态势的推测，以智能化和绿色化为技术特征的第六次技术革命正在萌芽期，未来30～50 年将正式进入第六次技术革命的导入期。

3.4.2　数据要素型赋能范式

3.4.2.1　数据要素型赋能范式的定义

数据要素型赋能范式主要由数字技术经济范式衍生而来，数据要素作为数字技术经济范式的核心元件之一，是全新的要素和核心要素。数据要素型赋能范式重点突出工业大数据定义中的资产属性(李静萍，2020)，同传统生产要素(土地、劳动和资本等)一样，具有明确的权属关系和资产价值。数据要素作为一种高端生产要素，是当前数字经济时代最核心的生产要素，可流动性极强，潜在价值空间极大。鉴于数据要素的一般特征和典型特征，本书将数据要素型赋能范式定义为：以数字化的知识和数字化的信息为生产要素，通过投入生产过程(生产要素加工，如生产函数、生产工具等)最终能够促进技术进步和优化资源配置，进而实现制造业高质量发展。数据要素主要包含数字化的知识和数字化的信息两层含义，前者的应用有助于充分发挥制造业的范围经济及规模经济，后者的应用有助于降低市场交易成本和管理成本，两者都对提高资源配置效率及扩大产出规模具有重要意义。

从要素组合视角来看，数据要素型赋能范式是指工业大数据以数据生产要素身份进入生产要素体系。其表达式见式(3-1)：

$$Y=F(A,K,L,D) \tag{3-1}$$

式中，Y 为经济产出；F 为生产函数；A 为技术进步；K 为资本；L 为劳动；D 为工业大数据。

3.4.2.2　数据向数据要素的转化

工业大数据能够成为数据要素有一个逻辑前提即对其潜在价值充分发掘，充分释放数据红利，促使数据要素不断壮大，产生赋能增值效应。一般来说，并非所有数据都能够成为数据要素，也并非所有的数据都有效率倍增效应，数据转化为数据要素需要经过一系列过程。数据转化为数据要素最重要的一个环节便是打通数据链，所有数据本质上都有转化为数据要素的潜质，就看如何激活数据，如何发掘数据价值，如何实现数据自由流动，解决上述系列问题就能实现数据向数据要素的转化。在经济社会发展中，数据起到的作用越来越不容忽视。要想实现数据价值，首先必须实现数据准确感知和快速传输，为数据价值共创提供可靠存储和高性能计算，并不断创新算法，加速数据流动，促进数据协同，推动数据创新(盛磊，2020)。数据必须流动起来，数据市场必须培育壮大。党的十九届四中全会指出："健全劳动、资本、土地、知识、技术、管理、数据等生产要素由市场评价贡献、按贡献决定报酬的机制"。将数据要素依照贡献参与分配，是提升数据向数据要素转化的效率、拓展数据要素市场的必经之路，重点是健全数据要素基础性制度和科学设计数据要素参与收入分配机制。

3.4.2.3 数据要素型赋能范式的特征

数据要素型赋能范式除满足数字技术经济范式周期规律外，还存在由数据要素所决定的特征，即融合性、解耦性和敏捷性。

(1)融合性是数据要素型赋能范式的基础特征。该特征主要用于强调数据要素作为虚拟生产要素、高端生产要素和可流动生产要素，数据要素型赋能范式具有超强融合性和流动性。一方面，数据要素能够融合于传统生产要素，促使多要素高效协同。另一方面，数据要素能够融合于产业、产品和流程，打破产业边界，促进产品创新，优化制造流程。数据要素能够使传统生产要素重新嵌套，能够使传统产业重构组合，显著提高资源配置效率，从而实现高质量发展目标。

(2)解耦性是数据要素型赋能范式的应用特征。该特征主要用于强调作为一种要素型工具，数据要素型赋能范式具有超强的去中介功能。一方面，数据要素能够减小使用主体对专有性资源的依赖程度。另一方面，数据要素有助于减少产业价值链、创新价值链、供应价值链对中心环节的依赖程度。根据解耦性，数据要素在增量价值中主要提供价值传递功能，把生产要素体系中汇集的价值进行放大传递。

(3)敏捷性是数据要素型赋能范式的反馈性质。该特征主要用于强调作为一种流动性资源，数据要素型赋能范式具有超级的敏捷反应能力。一方面，数据要素能够对传统生产要素快速识别，并进行自我调整和自我革新；另一方面，数据要素能够促进使用主体对外界环境快速变化做出迅速反应，并进行测量调整。根据敏捷性，数据要素在价值功能实现过程中，能够显著提升整个生产要素体系的革新速率，以及周围环境各个涉及主体的更新速率，从而提高整个经济社会的演变速率。

3.4.3　数字技术型赋能范式

3.4.3.1　数字技术型赋能范式的定义

数字技术型赋能范式同样由数字技术经济范式衍生而来，数字技术作为数字技术经济范式核心元件之一，是技术进步和技术集群的外化表现。数字技术型赋能范式对落实“突出颠覆性技术创新”，实现制造业高质量发展具有重大意义。数字技术型赋能范式重点突出的是工业大数据定义中的相关技术和应用，如密切交互的技术创新集群，具备技术革命的典型特征。数字技术作为一组技术创新集群，其融合性极高、扩散性极强，是技术进步的最新形式。鉴于数字技术的一般特征和典型特征，我们将数字技术型赋能范式定义为：以大数据、人工智能和工业互联网等为驱动力，通过与传统产业、制造流程和生产要素交叉融合，最终，数字化生产要素得以形成，资源再生和配置的快速优化得以实现，从而推动制造业朝着高质量发展方向迈进。数字技术型赋能范式是指工业大数据以数字技术身份进入生产要素体系，属于技术进步的具体形式，见式(3-2)：

$$Y = F(\mathrm{AD}, K, L) \tag{3-2}$$

式中，Y 为经济产出；F 为生产函数；AD 为数字技术；K 为资本；L 为劳动。

式(3-2)更为直观地表明，数字技术型经济范式主要通过技术进步改变生产流程或生产模式，提高生产效率或资源配置效率。

3.4.3.2　数字技术是一种典型通用目的技术

通用目的技术是产业变革中的核心共性技术，其应用场景和发展空间都极为广阔，对产业转型升级和经济增长具有显著溢出效应和乘数效应。工业大数据是一种数字技术，同样也是一种关键共性技术，这是工业大数据赋能制造业的逻辑前提。数字技术被广泛引入生产要素体系，对传统生产要素产生扩展效应，是一种扩展型技术。数字技术的主要作用在应用空间，是实现智能化过程中的应用型技术。数字技术无论是共性技术，还是扩展型技术抑或是应用型技术，都是人类生产活动的辅助性技术，是一种用于改进生产效率的辅助性工具，对经济结构产生显著影响。

将数字技术引入制造业领域，主要是为了实现制造业向智能化、数字化和网络化转型升级，提升制造业产品质量、生产效率和价值链地位，驱动制造业高质量发展。高敬峰和王彬(2020)明确提出，数字技术能够显著提升中国在全球价值链中的地位。Foster 等(2018)提出数字技术能够促进产品和服务标准化，提高价值链灵敏性和弹性，从而影响价值链分工，促进中国向价值链中上游攀升。

3.4.3.3 数字技术型赋能范式的特征

数字技术型赋能范式除符合数字技术经济范式周期规律外，还存在由数字技术所决定的特征，即结合性、寻址性、延展性和颠覆性。

(1) 结合性是数字技术型赋能范式的基本特征。该特征主要用于强调数字技术作为一种通用目的性技术，具有万物皆可融的本性，这也是数字技术的天然优势。一方面，数字技术依附于传统生产要素，对传统生产要素进行数字化，形成数字化生产要素。另一方面，数字技术作为一种辅助性工具，能够提高生产主体劳动产出效率或资本产出效率。

(2) 寻址性是数字技术型赋能范式的特征。该特征主要用于强调数字技术作为一种人类智力成果或智能技术，有一定可追溯、可记忆等功能，能够显著提升数字技术使用过程的可靠性和精准度。区块链技术就是一种最为典型的可追溯、可记忆型数字技术，工业大数据作为一种数字技术，同样具备这种功能。

(3) 延展性是数字技术型赋能范式的价值特征。该特征主要用于强调数字技术具有非常广阔的应用空间，向两端无限延展能够最大化数字技术价值空间。数字技术能够拓宽劳动价值空间，也能够拓宽资本价值空间。数字技术是一组技术创新集群，能够重组已有产业结构，促进传统产业结构升级。

(4) 颠覆性是数字技术型赋能范式的创新特征。该特征强调数字技术是一种颠覆性技术，具备颠覆性潜力，能够引发颠覆性创新，形成技术轨道。而技术轨道是企业创新活动的虚拟映射，技术轨道形成技术路线，有助于创新活动顺利开展(张璐阳和戚聿东，2021)。

3.4.4 范式总结

本节通过探寻技术革命演进规律，沿着“范式—技术经济范式—数字技术经济范式”思路，结合最新技术革命(数字革命)和最新经济时代背景(数字经济时代)，梳理已有相关文献和权威白皮书，根据工业大数据重构生产要素体系的具体形式，紧扣工业大数据兼具数据要素和数字技术双重属性，由数字技术经济范式衍生出工业大数据赋能范式。

通过总结数据要素型赋能范式和数字技术型赋能范式可知，工业大数据赋能范式具有要素和技术双重赋能作用。在实践中，工业大数据赋能增值效应形

成是一个复杂工程，很难把数据要素和数字技术分开，更多情况下是两者协同组合产生赋能增值效应。协同组合型赋能范式同时兼具数据要素型赋能范式和数字技术型赋能范式的特点，赋能过程更为复杂，赋能效应更为显著。组合型赋能范式是指工业大数据通过技术和要素双重路径对生产过程产生赋能增值效应，提升传统生产要素数字化深度和数字化广度，进而助推制造业转型提质。协同组合型赋能范式，既包含产品全生命周期内数据总和，又囊括相关技术及拓展应用。数据要素和数字技术是工业大数据的两个层面，从两者作用空间来看，数据要素和数字技术具有强烈的互补性，两者相辅相成，协同交织成相互促进的赋能复杂系统，最终促使资源配置效率得以优化，确保全要素生产率得到不断提升，实现制造业高质量发展。

3.5　工业大数据赋能动态分析

3.5.1　工业大数据赋能效应形成

工业大数据属于一种基础性工具，侧重微观层面的赋能；而制造业高质量发展是一个综合性的概念，是增长数量和增长质量的高度浓缩，是制造业转型升级、经济高质量增长、资源高效率配置、价值链高端化的一种外化表现，侧重宏观层面的赋能。从本质上来讲，工业大数据和制造业高质量发展之间存在非对等性，内涵特征也有差异。工业大数据赋能过程本质是实践过程，本节拟从马克思主义实践论出发，对赋能过程分别从赋能主体、赋能中介和赋能客体进行探索，将工业大数据视为赋能主体，将工业数字经济、工业互联网和智能制造视为赋能中介，将制造业高质量发展视为赋能客体。

工业大数据赋能效应始于工业大数据，经过范式衍生—传导机制—赋能增值三阶段，在工业数字经济、工业互联网和智能制造三元赋能中介的作用下，从不同层级、不同维度、不同领域作用于全要素生产率，终于制造业高质量发展。全要素生产率本质上就是一种资源配置效率，是制造业向高阶进阶的动力源，在一定程度上等同于制造业高质量发展（李廉水和鲍怡发等，2020）。全要素生产率不仅反映了生产要素效率的高低，也反映了生产要素配置效率的高低，这意味着不仅可以通过提高生产要素的生产率来提高全要素生产率，也可以通过生产要素的重新配置，将生产要素由低生产率领域配置到高生产率领域，来实现全要素生产率的提高。工业大数据赋能效应形成路径如图 3-2 所示。

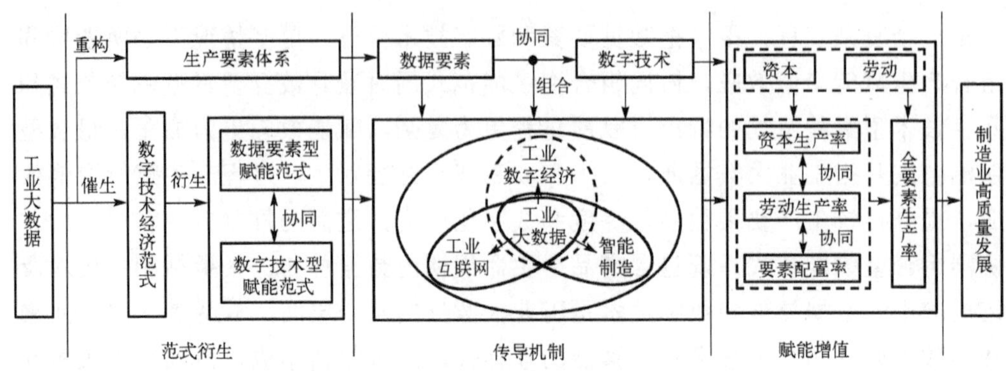

图 3-2　工业大数据赋能效应形成路径

3.5.2　工业大数据赋能效应传导

数字技术经济范式由数据要素和数字技术共同主导，在此背景下逐渐形成工业数字经济、工业互联网和智能制造赋能中介，三者之间彼此交叉协同，共同作用于制造业高质量发展。工业大数据通过传导机制融合放大产生的赋能增值效应，间接颠覆了传统制造模式，优化了传统产业结构。赋能主体与赋能中介的内在联系如图 3-3 所示。

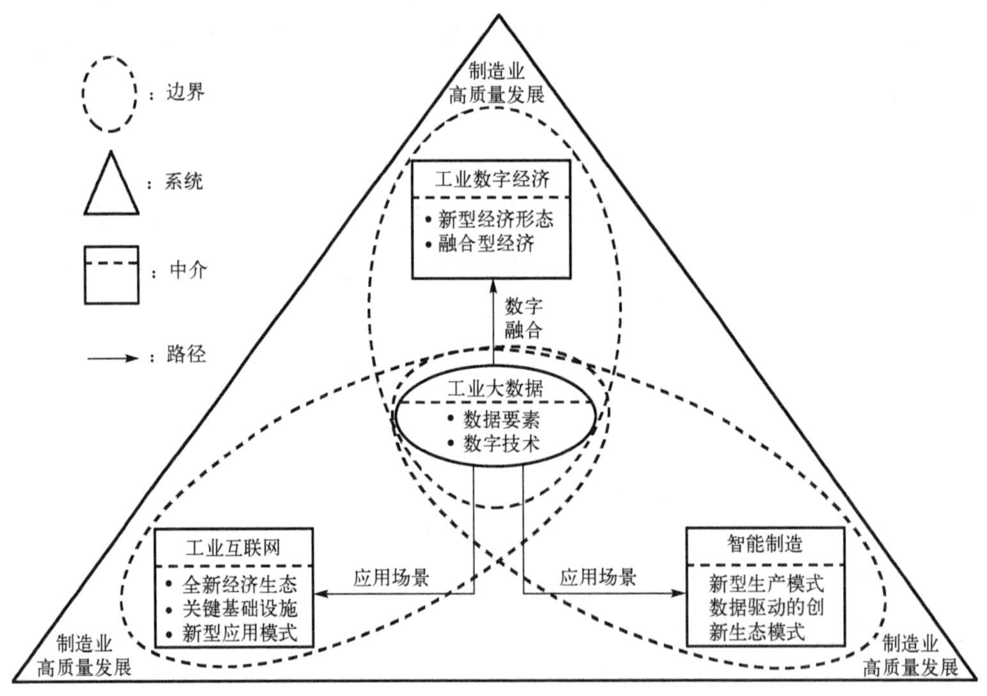

图 3-3　赋能主体与赋能中介的内在联系

3.5.2.1　工业大数据与赋能中介的内在联系

(1)工业大数据与工业数字经济的内在联系。数字经济是经济发展和经济增长的新动能,而制造业是国民经济主体,数字经济与制造业融合成为必然趋势,工业数字经济是数字经济的主攻方向和重点内容。罗以洪(2019)明确提出工业数字经济必然是一种融合型经济，具体是由数字经济与工业经济融合而来。工业大数据是数字经济与工业经济的融合剂和黏合剂，具有渗透和催化效应，能够使数字经济与工业经济加速渗透和融合。工业大数据还可以使数字经济与工业经济黏合在一起，消除边界，促进产业融合。本书认为工业数字经济是以工业大数据作为关键生产要素，通过数据要素和数字技术协同催生数字技术经济范式，不断提高工业经济的数字化、网络化和智能化水平，重构生产要素体系的新型经济形态和融合型经济形态。工业大数据贯穿整个工业数字经济的各个领域。

(2)工业大数据与工业互联网的内在联系。工业互联网是一种全新经济生态，也是一种数字基础设施，更是一种新型应用模式。工业互联网主要通过人—机—物的智联智通，从点到面实现全方位联通，驱动更广范围的价值链、产业链和要素链互联互通，最终促使全新的服务体系及生产制造体系得以形成。随着工业互联网的不断深入发展，产业组织形态、生产方式及制造模式都出现颠覆性改变，新兴产业得以不断发展壮大，传统产业转型升级变得更为迅速、更为敏捷。决策者能够利用强机理模型对海量数据进行实时分析，通过转化和解密形成决策，能够大幅度提升决策效率和执行效率，进而实现制造领域的效率最大化。从本质上来说，工业互联网属于数据驱动型网络，其关键要素在于数据，其主要驱动力在于数字技术。工业大数据是工业互联网得以形成的初始资料，是工业互联网运转的流动能量源。

(3)工业大数据与智能制造的内在联系。智能制造是在数字制造和网络制造的基础上发展而来的，数字制造和网络制造是智能制造的前提。智能制造的主要特征是工业大数据驱动的高度智能化生产模式，工业大数据犹如智能制造的血液，在智能化系统中高速运转，保障智能化系统有足够能量。工业大数据能够促使信息世界和物理世界形成互通，推动生产型制造转型为服务型制造，开展数字孪生、预测性维护、用户反馈改进等数字化应用，形成制造企业、服务企业和用户多元主体协同发展的新生态。

3.5.2.2　赋能中介彼此的内在联系

(1)赋能中介的基本联系。①工业数字经济是立足于工业大数据，促使资源快速再生及优化配置的新型经济形态。其核心是产业数字化形成的融合型产业，此类产业具有高成长性。工业互联网和智能制造是产业数字化的重要组成部分，也是繁荣工业数字经济的重要途径。②工业互联网是智能制造的核心基础设施，智能制造是工业互联网的下一个阶段。推动工业互联网发展有助于推进智能制造，能够促使智能制造更精准、更高效地配置服务资源和优化生产过程。在智能制造系统中，通过工业互联网实现人—机—物智联智通，协同组建由信息系统和物理系统高度融合的智能生产系统。

(2) 赋能中介的差异。工业数字经济范围更为宽泛，是工业大数据成为关键生产要素和数字技术的应用而形成的新型经济形态。工业互联网和智能制造同属工业数字经济范畴，但侧重点有所不同：工业互联网关注制造业如何通过“智能+”协同、整合、打通整个产业链，进而催生个性化定制、网络化协同等；智能制造关注制造业整个生产过程的提质增效，在产品全生命周期内实现数据驱动、快速迭代和持续优化。

3.5.2.3 赋能中介与赋能客体的内在联系

(1) 工业数字经济与制造业高质量发展的内在联系。数字经济和制造业深度融合催生了工业数字经济这一新型经济形态，该经济形态是工业经济增长动力的新来源，体现了先进生产力的具体形式。工业数字经济既是数字经济发展的内在逻辑，也是制造业高质量发展的必然选择。工业数字经济包括数字产业化和产业数字化两个方向，二者互相影响、密切关联、彼此促进。数字产业化涉及信息通信等产业，这些产业作为制造业的先导产业，为制造业提供服务、数字技术、解决方案和数字产品等。产业数字化是工业数字经济发展的关键，为制造业的高质量发展提供了更多可能性。

(2) 工业互联网与制造业高质量发展的内在联系。工业互联网既是新经济形态，也是数字基础设施，更是一种应用模式，对制造业高质量发展具有助推作用，能够促进制造业高质量发展新动能的持续释放。其具体助推作用表现在三个方面：①工业互联网具有跨区域、跨产业和跨层级的连接能力，能够实现产业链、供应链和价值链的全面连通，激发数据链、创新链和技术链的全方位协同能力；②工业互联网具有万物互联的潜力，消除了产业和部门之间的边界，使之向着一体化方向发展；③工业互联网本身也是一种新兴产业，能够促进制造业产业结构优化和升级。

(3) 智能制造与制造业高质量发展的内在联系。智能制造是制造业创新升级的主要方向，体现了数字技术和制造过程的深度融合。智能制造有三种基本范式：数字化制造、数字化网络化制造和数字化网络化智能化制造，这三

种基本范式具有连贯性和继承性，它们最大的区别就在于数字化、网络化、智能化是否同时进行。在通常情况下，如果基础条件非常优越，智能制造会沿着这三种基本范式依次发展。但是，中国作为工业化后发国家，存在区域差异和行业差异，因此这三种基本范式会同时存在。采用三种基本范式“并行推进、融合发展”的技术路线，非常符合中国制造业目前的基本情况。

3.5.2.4　工业大数据赋能增值效应

工业大数据通过工业数字经济和工业互联网的智能制造，对制造业高质量发展赋能增值，包括规模增值、创新增值、技术增值和要素增值四个方面。

(1)规模增值源于数字经济及其作用带来的规模经济，具体分为两种形式：①在工业数字经济时代，企业生产成本呈现出高固定成本和低边际成本的典型特征，其中低边际成本甚至零边际成本使得企业规模得以无限扩张，形成生产上的规模经济；②数字经济的迅猛发展催生了新业态和新模式，打破了市场壁垒，消除了消费者与生产者之间的时间和空间隔离，实现了二者的直接互动，产品分工不断细化，产品种类日益丰富，市场规模无限扩张，形成消费上的规模经济。

(2)创新增值源于数字创新，数字创新是指采用信息技术、计算技术、沟通技术和连接技术及其组合开展的创新，包含数字组织、数字产品、数字商业模式及数字流程等创新(魏江和刘洋等，2020)。数字创新驱动价值增值，推动制造业产业结构优化升级(张昕蔚，2019)。创新增值具体分为四种类别：①数字化赋能的产品拥有更高的附加值，不仅为企业创造超额利润，还积累大量数据资源驱动后续产品衍生和业态裂变；②通过数字技术的应用而改进甚至重构的数字流程，颠覆了创意产生、产品开发、产品试制与制造、物流和销售等环节；③数字技术介入的产业组织和治理结构逐渐转型为数字组织(数字生产关系)，推动企业边界重构，形成以平台领导者为核心的组织生态；④数字平台和数字工具的便捷性、易传播性和低成本，产生线上线下融合、社交媒体和网络直播等数字商业模式，颠覆了传统商业模式。

(3)技术增值源于生产技术迭代升级，包含技术迭代和技术扩散两个方面：①依据内生增长理论，产出增长的核心在于技术进步。数字技术作为技术进步的一种集合，具有动态性、可自我参照性、可延展性、可编辑性和自生长性，其迭代速率呈指数级上升，为技术进步提供持续动力(Yoo等, 2012)；②依照通用技术理论，数字技术具备激发创新、持续改进及广泛使用的特征，不仅对 ICT 生产部门的效率提升产生直接影响，还能够通过效应溢出和扩散，对 ICT 使用部门的效率提升产生重大影响。

(4)要素增值源于工业大数据对生产要素体系的重构，数据要素与传统生产要素交叉融合，能够显著提升要素配置效率和生产效率。要素增值具体包括两个方面：①数据要素和数字技术本身就是数字经济时代最新生产要素的组合，是高端生产要素和虚拟生产要素，将其纳入生产要素体系本就代表了增值；②数字经济与制造业融合，改变了制造业资源匹配模式和价值创造模式，重构了产业生态，通过多要素高效协同显著提升了制造业全要素生产率。

3.5.3 工业大数据赋能效应运作

结合3.1节工业大数据典型案例导入和2.1节制造业高质量发展测度指标体系构建，可将工业大数据赋能制造业高质量发展的运作机理分解为三个方面：产业结构优化升级、制造模式数据驱动和生产要素高效协同，如图3-4所示。

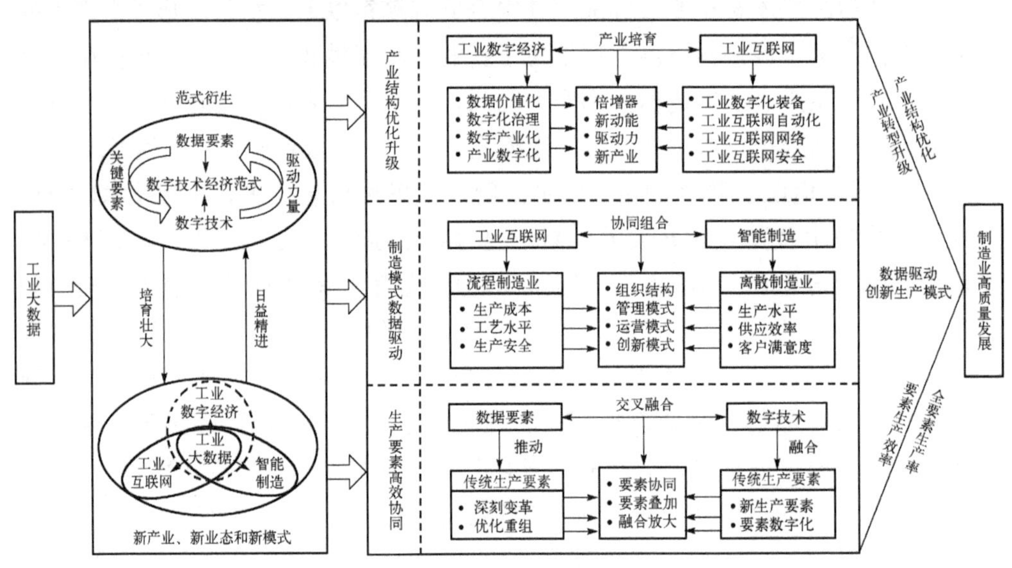

图3-4 工业大数据赋能制造业高质量发展运作机理

(1)产业结构优化升级。工业大数据作为工业互联网新兴产业和数字经济的基础资料，加速推进数字产业化和产业数字化，重塑制造业产业结构，促进制造业转型升级(张于喆，2018)。优化升级的具体领域包括：①数据价值化将工业大数据视为战略资源，推动制造业的数字化、网络化和智能化，为制造业高质量发展提供价值源泉；②数字化治理是将数字技术应用到监管和治理之中，通过“数字技术+监管治理”的技术管理融合方式，提高制造业的监管和治理效能；③数字产业化为工业大数据赋能制造业高质量发展提供了数字基础；④ 产业数字化通过数字技术的利用，提升了传统制造业的效率，为工业大数据

赋能制造业高质量发展提供了更广阔的可能性。

(2) 制造模式数据驱动。工业大数据对制造模式的影响主要涵盖组织结构、管理模式、运营模式和创新模式四个方面。总体上，工业大数据的深度分析，能够挖掘出有价值的信息和知识，赋能制造各个环节，提升效率。但具体到不同的行业，工业大数据赋能模式及赋能效应存在差别。例如，在离散制造业中，工业大数据赋能侧重于个性化定制及供应链管理等新型模式，目的是提升用户满意度和供应链效率、提高企业精益生产能力；在流程制造业中，工业大数据赋能侧重于工艺参数优化、能源平衡预测及设备预测性维护，目的是确保生产安全，提升工艺水平，降低运营成本。

(3) 生产要素高效协同。工业大数据作为新型生产要素，具有数据要素和数字技术双重特性，对传统生产要素体系产生了重要影响，主要体现在传统要素的优化和新要素的结合上。具体而言：①工业大数据作为新型生产要素，与劳动和资本等传统要素一样，参与到生产的全过程中，并对传统要素产生替代、倍增和优化配置作用；②数字技术作为一种广泛适用的通用技术，它与传统生产要素的融合催生了新的生产要素，也被称作数字化生产要素。

3.6 本章小结

(1) 工业大数据典型案例导入。通过区域、企业和场景三个层面的案例分析，梳理和归纳了工业大数据对制造业高质量发展的实际影响。这些案例显示：工业大数据主要从产业结构、制造模式和生产要素三个维度，在不同层次和不同程度上对制造业高质量发展产生赋能增值效应。

(2) 工业大数据价值孵化机制和赋能支撑技术研究。对工业大数据价值孵化机制和赋能支撑技术进行了简要梳理，其中前者为工业大数据赋能提供了价值创造的可能性，后者为工业大数据赋能创造了高效的支撑环境。

(3) 工业大数据赋能范式衍生。从数字技术经济范式衍生出工业大数据赋能范式，结合工业大数据的数据要素和数字技术双重属性，提出数据要素型赋能范式和数字技术型赋能范式。

(4) 工业大数据赋能机理动态分析。基于上述工业大数据赋能范式，揭示了工业大数据通过工业数字经济、工业互联网和智能制造赋能制造业高质量发展的传导机制，明晰了赋能主体与赋能中介之间的内在联系，动态分析了工业大数据赋能制造业高质量发展的运作机理。

第 4 章

基于数据要素视角——工业大数据赋能制造业高质量发展的实证研究

第 3 章面向制造业高质量发展的重大需求，紧扣工业大数据兼具数据要素和数字技术双重属性的特征，探讨了工业大数据赋能效应的形成路径、传导机制和运作机理，清晰展现了工业大数据赋能过程的理论框架。本章主要从数据要素视角，借助省际面板数据的计量分析，对第 3 章的理论框架开展实证检验。

4.1 数据要素的属性与作用

4.1.1 数据要素的属性

4.1.1.1 数据要素具有非竞争性

数据要素属于虚拟生产要素，可复制性和可流动性极强，相同数据要素能够被多个主体并行使用。这不仅不会降低原有数据要素使用者的数据价值，而且随着使用主体的增多，数据要素的价值会加大。非竞争性是数据要素最为突出的特征，主要表现在三个方面：一是正外部性。数据要素具有典型的网络正外部性，数据要素流转速度越快，使用主体越多，其价值也就越大。理论上，数据要素重复使用的次数越多，创造的价值也就越大。二是促进效应。数据要素具有规模收益递增的特征，其与传统生产要素融合同样也具有规模收益递增效应（Romer，1990）。三是开放共享。数据要素具有一定的公共产品属性，只有开放共享，才能实现数据价值最大化。

4.1.1.2　数据要素具有零边际成本属性

数据要素并非天然要素，而是由人类制造的生产要素。数据要素具有非物质属性，是人类进行生产活动而产生的副产品。中国是网络大国，根据中国互联网网络信息中心的数据统计，2020 年 3 月中国网民规模高达 9.04 亿人，互联网普及率上升到 64.5%，网民规模和互联网普及率均位于世界前列。伴随着中国数字基础设施逐步深入，中国数据资源优势日益凸显。数据要素属于虚拟生产要素，可进行无限次复制、重复或多主体并行使用，这就使得数据要素具有零边际成本。具体而言，同一单位的数据会被不同主体重复使用，并不会造成数据所有者成本的增加，反而会带来增量价值。虽然数据要素的反复使用在某种程度上类似于“公共品”，但数据要素不会枯竭，因此并不会形成“公共地悲剧”。除此之外，理论上，只要具备访问权限，所有需要的主体都可以利用数据要素，这意味着数据要素不像传统资源那样受到稀缺性的约束。只不过在现实中，数据开放是至关重要的一环。

4.1.1.3　数据要素具有资源与资产双重属性

并非所有的数据都能成为数据要素。一般来说，最底层的原始数据价值是比较低的，此时的数据有待开发。原始数据经过孵化机制进行价值提炼并统一存储后，就形成具有无形资产价值的数据库。拥有数据库的企业通过系列挖掘技术对数据进行处理，从数据中挖掘出有高度价值的信息和知识，促进决策者提高决策效率和精准度。随着对原始数据的采集、分析、决策和应用流程的逐步深入，数据也从资源转变为资产，价值日益凸显。数据价值创造要经历一系列加工，包括清理、语义化、融合、分析、建模及知识提取等关键步骤，是一个复杂的价值链(吴超，2018)。

数据价值的呈现是一个递增的过程，只有经过一系列处理，才能实现价值共创，而技术创新和商业模式创新是数据价值实现的关键因素。工业大数据本身并不具有价值，工业大数据的价值取决于采集者、分析者和存储者等(工业大数据的主体)对数据价值的挖掘。只有经过机理模型转化和商业运作开发，工业大数据才能发挥其价值共创功能。目前，工业大数据的核心分析功能主要借助人工智能完成，而人工智能算法及运算能力是决定性因素。从资源视角来看，为激发数据促进经济增长的潜力，必须确保数据能够像其他要素一样，自由流转和公平交易，才能促进数据资源的重复利用。从资产视角来看，工业大数据正在成为制造企业的核心资产，支撑制造企业构建核心竞争力。

4.1.2 数据要素的作用

4.1.2.1 直接效应

目前，学术界普遍形成共识：数据要素作为一种高端要素和虚拟要素，对传统生产要素具有倍增效应。数据要素作为一种高流动性和高融合性要素，必然可以通过多种渠道、多种路径、多种业态等，直接或间接对制造业高质量发展产生倍增效应。如谢雄标等(2015)认为，大数据能够实现产品生产透明化，通过对产品信息、工业信息和资源信息进行分析、规划和重组，实现产品制造过程的高效率；刘烨等(2019)认为，大数据提升了产品质量改进 PDCA 循环的效率，使之更加灵活和精准，能够快速响应客户对产品多样化质量的需求。与其他传统生产要素相比，数据要素的配套基础设施也发生了变化。数字基础设施是科技型基础设施，卓乘风和邓峰(2018)发现科技型基础设施具有技术扩散效应，能够实现工业互联网价值链和制造业产业链的融合重组；宋洋(2019)认为，数字新基础设施具有知识扩散效应，大数据通过数字新基础设施的吸收、转化和扩散形成有助于创新活动的知识，对传统产业产生创新激励。

数据要素能通过产业结构优化、制造模式数据驱动和生产要素高效协同，实现制造业高质量发展。在产业结构优化方面，数据要素能够促进传统产业的数字化和服务化，从而改变已有产业结构；在制造模式数据驱动方面，数据要素能够优化产品生产流程，实现资源跨区域、跨部门的调度和分配，从而提升产业链上下游的协同水平；在生产要素高效协同方面，数据要素具有高流动性和融合性，能够依附于传统要素，实现传统要素的高效协同，从而提升全要素生产率。由此提出以下假设：

假设 1：数据要素作为单独生产要素，通过直接参与产品生产全生命周期，显著促进制造业高质量发展。

4.1.2.2 中介效应

数据要素具有典型的中介效应，该效应表现为乘数效应和融合效应两个方面。郭威(2020)认为，数据要素凭借其较高的流动性、无限的供应量和正外部性，辐射各生产部门，与其他要素市场有机结合，产生乘数效应。于立和王建林(2020)认为，将数据要素纳入生产函数，不仅会影响生产函数，而且会影响其他生产要素，进而改变生产函数的形式和作用。王颂吉等(2020)认为，数据要素有助于产业或企业发挥规模经济效应和范围经济效应，也有助于融合产业

规模呈现指数级增长。数据要素是数字化知识和数字化信息的集合，在新一代信息技术产业作用下能够形成融合放大效应。

数字经济时代，数据、劳动、资本和技术为最新生产要素组合，数据要素流动性最强，除具备一般生产要素属性外，还具备一些特殊性质。数据要素能够对传统生产要素产生中介效应，原因有两点：一是以数字经济、数字革命为代表的大数据实现空前的技术进步，并扩散到各个行业中，大幅度提升劳动效率和资本效率(Mcafee，2012)；二是数据要素通过与生产者结合，提升了生产者智力水平；数据要素通过与生产对象结合，拓展了生产对象用途，扩大了效能；数据要素与生产资料结合，改善了生产工具性能(戴双兴，2020)。由此提出以下假设：

假设 2：数据要素与技术要素、数据要素与资本要素、数据要素与劳动要素均产生中介效应，数据要素通过与传统生产要素融合产生中介效应，促进制造业高质量发展。

4.2　研究设计

4.2.1　模型构建

假设 1 将数据要素视为单独生产要素，能够对制造业高质量发展产生直接效应。因此，本书借鉴姚芳(2016)、苏杭和郑磊等(2017)所构建的要素禀赋计量模型思路，构建数据要素与制造业高质量发展的计量模型，见式(4-1)：

$$\text{Manu}_{it} = \alpha_0 + \alpha_1\text{Dataf}_{it} + \alpha_2\text{Techf}_{it} + \alpha_3\text{Capf}_{it} + \alpha_4\text{Laborf}_{it} + \alpha_5\text{Con}_{it} + \mu_{it} \quad (4\text{-}1)$$

式(4-1)中，i 表示地区；t 表示时间(年份)；Manu 表示制造业高质量发展水平；Dataf 表示数据要素；Techf 表示技术要素；Capf 表示资本要素；Laborf 表示劳动要素；Con 表示控制变量；μ 表示随机误差。

假设 2 中数据要素与技术要素、数据要素与资本要素、数据要素与劳动要素之间存在中介效应(互补效应或替代效应)。因此，本书借鉴温忠麟和叶宝娟(2014)的学术思想，引入中介效应模型，见式(4-2)～式(4-4)：

$$\text{Manu}_{it} = \beta_0 + \beta_1\text{Dataf}_{it} + \beta_2\text{Con}_{it} + \mu_{it} \quad (4\text{-}2)$$

$$\text{Medv}_{it} = \gamma_0 + \gamma_1\text{Dataf}_{it} + \gamma_2\text{Con}_{it} + \mu_{it} \quad (4\text{-}3)$$

$$\text{Manu}_{it} = \lambda_0 + \lambda_1\text{Dataf}_{it} + \lambda_2\text{Medv}_{it} + \lambda_3\text{Con}_{it} + \mu_{it} \quad (4\text{-}4)$$

式(4-2)～式(4-4)中，Medv表示中介变量，我们将其分为技术要素（Techf）、资本要素（Capf）和劳动要素（Laborf），其他解释变量的含义同式(4-1)。

中介效应模型由上述公式联合组成，满足一定条件方可进行下一步检验(谢子远和张海波，2014)。其检验步骤为：首先，对式(4-2)进行检验，如果β_1系数显著为正，就进行下一步检验，否则说明中介效应不存在。其次，对式(4-3)进行检验，如果γ_1显著为正，意味着数据要素对中介变量有显著影响，就进行下一步检验，否则停止检验。最后，对式(4-4)进行检验，如果λ_1和λ_2两个系数都显著为正，那么说明中介变量具有一定程度的中介效应；如果λ_1不显著为正，λ_2显著为正，那么说明中介变量不具有完全中介效应。其中，β_1代表总效应，λ_1代表直接效应，$\gamma_1\times\lambda_2$代表中介效应。

4.2.2 指标定义与变量设定

4.2.2.1 工业大数据发展指标体系构建

本书主要采用工业大数据发展指数作为数据要素代理指标，而工业大数据发展指数具有多维性，需采用评价指标体系预先进行测度。本书基于数据来源和应用场景两个维度，借鉴已有研究成果和权威白皮书，构建工业大数据发展指数指标体系。根据《工业大数据白皮书(2019版)》中对工业大数据的详细描述，工业大数据与智能制造、工业互联网两者密切相关，前者是后两者的核心元素，后两者是前者的主要应用场景和主要来源场地。本书采用智能制造和工业互联网间接度量工业大数据指数，是对工业大数据发展指数度量的一种尝试性探索。其中，智能制造维度度量指标主要参考李廉水和刘军等(2019)的研究，工业互联网度量指标主要借鉴《工业互联网产业经济发展报告(2020年)》中叙述的五大核心产业。工业大数据发展指数度量指标体系如表4-1所示。

表4-1 工业大数据发展指数度量指标体系

一级指标	二级指标	三级指标	衡量公式	属性
智能制造	智能基础	互联网普及率	制造业企业拥有网站数/制造业企业数	+
		网络设施投入	电信固定资产投资	+
		传输设施建设	光缆长度	+
	企业信息化	电子商务水平	有电子商务交易活动的企业数	+

（续表）

一级指标	二级指标	三级指标	衡量公式	属性
工业互联网	工业数字化装备	通用设备	通用设备制造业产值	+
		专用设备	专用设备制造业产值	+
		仪器仪表	仪器仪表制造业产值	+
	工业互联网自动化	自动化基础	电子信息产业主营业务收入	+
	工业互联网平台与工业软件	智能人才投入	软件开发人员总数	+
		软件开发	软件企业总数	+
		软件服务	软件业务收入	+
	工业互联网网络	智能设备利润	电子及通信设备制造业利润	+

4.2.2.2　变量设定

制造业高质量发展水平(Manu)作为被解释变量，由第 2 章构建的制造业高质量发展指标体系进行测度。

数据要素(Dataf)作为核心解释变量，采用工业大数据发展指数作为其代理指标，工业大数据发展指数采用表 4-1 中的指标体系和熵权法进行测度。

中介效应模型涉及的中介变量主要包括技术要素(Techf)、资本要素(Capf)和劳动要素(Laborf)，这三个要素的衡量方法主要参考何喜军等(2016)、姚芳(2016)的研究成果，如表 4-2 所示。

表 4-2　衡量方法

变量	变量定义	变量衡量方法
Manu	制造业高质量发展水平	制造业高质量发展水平测度方法
Dataf	工业大数据发展指数	指标体系和熵权法
Techf	技术市场成交额	技术市场成交额
	高技术产业 R&D 经费	高技术产业 R&D 经费
	高技术产业专利申请数	高技术产业专利申请数
	互联网普及率	互联网上网人数与总人数的比值
Capf	人力资本	高技术产业 R&D 人员与工业平均用工人数的比值
	工业固定资产投资	工业固定资产投资
	外商投资总额	外商投资总额
	资本效率	(利润总额+税金总额+利息支出)/总资产
Laborf	工业平均用工数	工业企业平均用工数
	高技术产业从业人员	高技术产业从业人员数
	信息化人才	信息传输 、 计算机服务行业人数

（续表）

变量	变量定义	变量衡量方法
Con	市场化水平	非国有企业员工数与所有企业员工数的比值
	金融发展水平	金融机构年末存贷款余额与 GDP 的比值
	贸易开放度	进出口总额与 GDP 的比值
	城镇化水平	年末城镇人口与总人口的比值

注：依据《中华人民共和国统计法》和《国民经济行业分类》（GB/T 4754—2017），制造业中的高技术产业是指国民经济行业中 R&D 投入强度相对高的制造业行业，包括医药制造，航空、航天器及设备制造，电子及通信设备制造，计算机及办公设备制造，医疗仪器设备及仪器仪表制造，信息化学品制造 6 大类。

制造业高质量发展影响因素较多，为防止不可观测因素对结果产生干扰，借鉴邓峰和任转转(2020)、韩先锋等(2019)的学术观点，采用市场化水平、金融发展水平、贸易开放度和城镇化水平作为控制变量(Con)，其中市场化水平采用非国有企业员工数与所有企业员工数的比值进行衡量，金融发展水平采用金融机构年末存贷款余额与 GDP 的比值进行衡量，贸易开放度采用人民币表示的进出口总额与 GDP 的比值进行衡量，城镇化水平采用年末城镇人口与总人口的比值进行衡量。

4.2.3 数据说明及描述性统计

以中国 30 个省份(鉴于数据来源可获得性，暂不考虑西藏自治区、中国台湾地区、香港特别行政区和澳门特别行政区，以下所称中国各省份或中国 30 个省份是指能够获得相关数据的 30 个省份)为对象，设定区间为 2000—2018 年，共计 570 个样本观测值。部分变量采用其代理指标，数据来源于《中国统计年鉴》《中国科技年鉴》和《中国工业统计年鉴》，部分变量数据来源与第 2 章相同，剩余变量数据主要通过 EPS 数据库和国研网数据平台下载。

工业大数据发展指数采用熵权法进行测度，中国各省份工业大数据发展指数及增长速率(其中增长速率以年增长率衡量)如表 4-3 所示。2000—2018 年中国 30 个省份工业大数据发展指数稳步提升。从均值视角看，在样本考察期内，全国工业大数据发展指数均值为 0.298，表明中国工业大数据发展指数整体偏低；有 50%的省份工业大数据发展指数均值处于全国均值以上，均值排名前五的分别为上海、北京、天津、广东和江苏，排名最低的分别为甘肃、宁夏、云南、青海和新疆，且最高省份的均值是最低省份的 2.65 倍，表明省份之间工业大数据发展指数均值差异较大。从增长速率来看，在样本考察期内，全国工业大数据发展指数增长速率为 2.91%，有 16 个省份增长速率超过全国增长速率，占比为 53.33%；增长速率排名前五的分别为广东、山东、北京、江苏和上海，增长速率排名最低的

分别是内蒙古、新疆、甘肃、辽宁和黑龙江，且最高增长速率是最低增长速率的 2.27 倍，表明省份之间工业大数据发展指数增长速率差异较大。

表 4-3　中国各省份工业大数据发展指数及增长速率

区域	省份	均值	2000 年	2002 年	2004 年	2006 年	2008 年	2010 年	2012 年	2014 年	2016 年	2018 年	增长速率（%）
东部地区	北京	0.513	0.116	0.178	0.246	0.333	0.549	0.618	0.663	0.727	0.741	0.881	4.03
	天津	0.472	0.115	0.157	0.252	0.299	0.463	0.543	0.604	0.715	0.767	0.836	3.80
	河北	0.320	0.106	0.128	0.158	0.180	0.227	0.332	0.381	0.495	0.599	0.639	2.80
	上海	0.554	0.117	0.203	0.327	0.438	0.619	0.684	0.698	0.745	0.852	0.869	3.96
	江苏	0.444	0.091	0.120	0.169	0.218	0.339	0.480	0.590	0.744	0.856	0.846	3.97
	浙江	0.416	0.098	0.139	0.205	0.247	0.377	0.503	0.449	0.606	0.746	0.851	3.96
	福建	0.324	0.071	0.100	0.151	0.176	0.275	0.369	0.392	0.451	0.595	0.698	3.30
	山东	0.425	0.095	0.126	0.181	0.218	0.314	0.419	0.490	0.708	0.875	0.884	4.15
	广东	0.445	0.091	0.151	0.229	0.255	0.406	0.490	0.528	0.649	0.791	0.886	4.18
	海南	0.309	0.119	0.154	0.176	0.239	0.247	0.385	0.365	0.389	0.497	0.595	2.51
中部地区	山西	0.343	0.091	0.110	0.156	0.173	0.321	0.378	0.528	0.496	0.605	0.572	2.53
	安徽	0.281	0.073	0.084	0.100	0.118	0.161	0.282	0.316	0.447	0.612	0.691	3.25
	江西	0.267	0.078	0.090	0.105	0.114	0.152	0.225	0.303	0.411	0.543	0.710	3.33
	河南	0.296	0.084	0.093	0.110	0.142	0.175	0.244	0.342	0.489	0.651	0.678	3.13
	湖北	0.340	0.084	0.112	0.132	0.162	0.217	0.350	0.393	0.516	0.726	0.778	3.65
	湖南	0.327	0.083	0.096	0.113	0.126	0.203	0.318	0.431	0.523	0.662	0.765	3.59
东北地区	辽宁	0.321	0.090	0.110	0.139	0.194	0.303	0.453	0.481	0.552	0.448	0.464	1.97
	吉林	0.269	0.104	0.112	0.113	0.109	0.185	0.321	0.352	0.392	0.469	0.574	2.47
	黑龙江	0.320	0.127	0.147	0.189	0.196	0.318	0.361	0.365	0.462	0.546	0.477	1.84
西部地区	内蒙古	0.288	0.079	0.111	0.150	0.165	0.210	0.321	0.364	0.476	0.472	0.558	2.52
	广西	0.270	0.068	0.088	0.103	0.114	0.176	0.294	0.348	0.418	0.551	0.597	2.79
	重庆	0.294	0.100	0.114	0.114	0.119	0.182	0.268	0.336	0.435	0.644	0.710	3.21
	四川	0.272	0.066	0.086	0.110	0.125	0.219	0.279	0.318	0.383	0.539	0.610	2.86
	贵州	0.268	0.097	0.112	0.130	0.143	0.188	0.233	0.222	0.313	0.518	0.745	3.41
	云南	0.224	0.087	0.099	0.215	0.130	0.150	0.186	0.225	0.268	0.424	0.619	2.80
	陕西	0.286	0.084	0.102	0.137	0.147	0.200	0.279	0.321	0.419	0.574	0.650	2.98
	甘肃	0.261	0.096	0.150	0.172	0.180	0.195	0.236	0.265	0.364	0.483	0.495	2.10
	青海	0.211	0.074	0.109	0.089	0.096	0.132	0.150	0.185	0.299	0.465	0.585	2.69
	宁夏	0.224	0.081	0.087	0.108	0.104	0.140	0.189	0.250	0.295	0.439	0.593	2.69
	新疆	0.209	0.061	0.075	0.123	0.126	0.187	0.217	0.195	0.287	0.375	0.469	2.15

注：此表为作者采用 Excel 公式编辑计算得到；限于篇幅，测度结果隔年汇报，下同；全国均值为 0.298，全国年增长速率为 2.91%。

变量描述性统计如表 4-4 所示。

表 4-4 变量描述性统计

变量	变量定义	均值	标准差	最小值	最大值	单位
Manu	制造业高质量发展水平	0.424	0.143	0.163	0.820	—
Dataf	工业大数据发展指数	0.327	0.216	0.061	0.887	—
Techf	技术市场成交额	166.714	459.081	0.060	4957.825	亿元
	高技术产业 R&D 经费	38.055	100.960	0.0038	1080.464	亿元
	高技术产业专利申请数	46.033	90.506	0.124	793.819	千件
	互联网普及率	28.696	21.608	0.48	78	%
Capf	人力资本	8.006	10.030	0.085	62.512	万人
	工业固定资产投资	1.893	2.158	0.039	12.428	万亿元
	外商投资总额	964.696	1823.727	5.77	19234.65	亿美元
	资本效率	13.034	4.795	4.62	34.03	%
Laborf	工业平均用工数	9.715	14.383	0.203	105.812	千人
	高技术产业从业人员	31.402	61.872	0.291	389.417	万人
	信息化人才	176.228	445.313	0.03	3150.61	千人
Con	市场化水平	0.676	0.115	0.386	0.907	%
	金融发展水平	1.555	0.701	0.108	5.587	%
	贸易开放度	0.328	0.396	0.005	1.722	%
	城镇化水平	0.505	0.146	0.233	0.896	%

注：为统一标准，对技术要素、资本要素和劳动要素均采用熵权法进行指标合并处理。

为分析工业大数据发展指数与制造业高质量发展水平的关系，本书采用 Stata15.0 绘制工业大数据发展指数与制造业高质量发展水平散点图和拟合曲线。如图 4-1 所示，工业大数据发展指数与制造业高质量发展水平存在明显的数量关联趋势，随着工业大数据发展指数的增加，制造业高质量发展水平也在提升，说明两者之间存在正相关。散点图拟合曲线斜率为正，说明工业大数据发展指数与制造业高质量发展水平之间存在正相关性。散点图并未发现离群值，说明个别突出值并不影响定性分析结论的准确性。

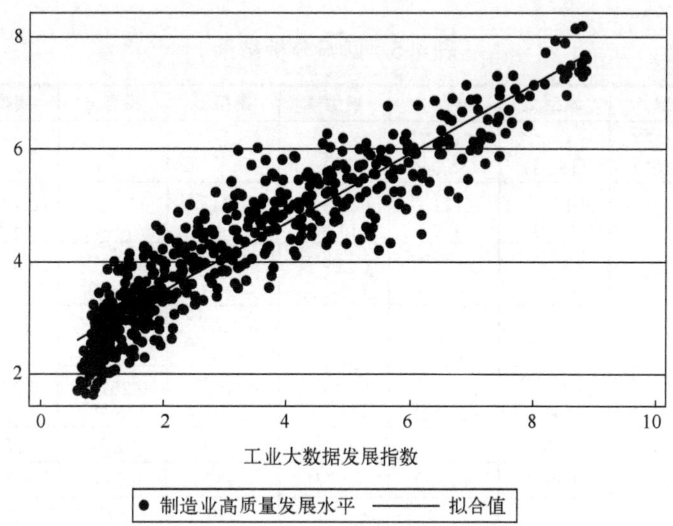

图 4-1　工业大数据发展指数与制造业高质量发展水平散点图和拟合曲线

4.3　实证分析

4.3.1　基本模型回归结果

进行实证检验之前必须确定采用固定效应模型还是采用随机效应模型，学术界通常借助 Hausman 检验来完成选择。如果 Hausman 检验显著，则拒绝原假设，采用固定效应模型；反之，采用随机效应模型。通过采用 Stata15.0 工具对样本数据进行 Hausman 检验，发现 p 值为 0.000。因此，本书采用固定效应模型开展实证检验。

为避免变量之间存在多重共线性，对基本计量模型运用逐步回归方法，得到回归分析结果，见表 4-5。从整体变量来看，数据要素、技术要素、资本要素和劳动要素均在 1%的显著水平上对制造业高质量发展具有促进作用，说明所选取变量具有显著统计学意义，其中，劳动要素影响系数最大，数据要素、技术要素和资本要素次之。从单个变量来看，模型 1 为基本回归模型，模型 2、模型 3 和模型 8 为依次加入的技术要素、资本要素和劳动要素的模型，结果显示加入传统要素在一定程度上弱化了数据要素对制造业高质量发展的影响系数，但数据要素仍在 1%的显著水平上对制造业高质量发展起到促进作用。因此，研究假设 1 得到验证。

表 4-5 回归分析结果

变量	模型 1	模型 2	模型 3	模型 4	模型 5	模型 6	模型 7	模型 8
Dataf	0.612*** (67.01)	0.516*** (18.63)	0.380*** (10.06)	—	—	—	—	0.182*** (5.82)
Techf	—	0.111*** (3.7)	0.121*** (4.09)	0.333*** (14.85)	0.121*** (6.42)	—	0.107*** (5.51)	0.026*** (1.12)
Capf	—	—	0.126*** (5.10)	0.299*** (15.57)	—	0.083*** (4.68)	0.058*** (3.25)	−0.040 (−0.19)
Laborf	—	—	—	—	0.510*** (30.31)	0.529*** (28.62)	0.465** (21.87)	0.424*** (19.31)
Con	0.224*** (32.17)	0.223*** (34)	0.220*** (35.81)	0.219*** (35.02)	0.207*** (35.55)	0.207*** (36.70)	0.207*** (38.28)	0.208*** (38.75)
控制变量	控制	控制	控制	控制	控制	控制	控制	控制
R^2	0.8910	0.8932	0.8969	0.8771	0.9376	0.9349	0.9378	0.9415
样本数	570	570	570	570	570	570	570	579

注：*、**、***分别代表在 10%、5%、1%的置信水平上显著，括号内为 t 值。

4.3.2 中介效应检验

根据 4.1 节数据要素的属性与作用分析，数据要素对制造业高质量发展可以通过技术要素、资本要素和劳动要素产生中介效应。本节对中介效应模型进行实证检验，检验结果如表 4-6 所示。

表 4-6 中介效应检验结果

变量		技术要素		资本要素		劳动要素	
	模型 1	模型 2	模型 3	模型 4	模型 5	模型 6	模型 7
	Manu	Techf	Manu	Capf	Manu	Laborf	Manu
Dataf	0.612*** (67.01)	0.870*** (68.43)	0.516*** (18.63)	1.001*** (67.10)	0.491*** (18.33)	0.963*** (66.60)	0.195*** (9.28)
Manu	—	—	0.111*** (3.70)	—	—	—	—
Capf	—	—	—	—	0.120*** (4.81)	—	—
Laborf	—	—	—	—	—	—	0.430*** (21.06)
Con	0.224*** (32.17)	0.014* (1.82)	0.223*** (34.00)	0.024*** (2.11)	0.221*** (35.36)	0.040*** (4.69)	0.208*** (36.50)
控制变量	控制	控制	控制	控制	控制	控制	控制
中介效应		0.0966		0.1201		0.4141	
R^2	0.8910	0.8949	0.8932	0.8912	0.8943	0.8995	0.9414
样本数	570	570	570	570	570	570	570

注：*、**、***分别代表在 10%、5%、1%的置信水平上显著，括号内为 t 值。

模型 1 为基本回归模型，检验结果显示数据要素显著促进制造业高质量发

展。模型 2 和模型 3 分别为数据要素对技术要素中介效应检验、数据要素和技术要素对制造业高质量发展影响检验，结果均为显著正向影响，检验结果充分说明数据要素存在中介效应。对比模型 1 和模型 3 的结果可知，加入技术要素后，数据要素系数从 0.612 下降到 0.516，表明数据要素对技术要素存在部分中介效应，中介效应系数为 0.0966。同理，数据要素对资本要素和劳动要素均存在部分中介效应，中介效应系数分别为 0.1201 和 0.4141。对比中介效应系数可发现，数据要素对劳动要素的中介效应系数最大，说明数据要素作为一种高端要素，其发展对劳动要素的带动作用要大于对技术要素和资本要素的带动作用，即数据要素更容易提高劳动生产效率。

4.3.3　稳健性检验

上节实证检验充分说明了数据要素分别与技术要素、资本要素、劳动要素之间存在中介效应，并且数据要素中介效应存在技术要素—资本要素—劳动要素递增规律。为证明此结论具有稳健性，本节采用 OLS 面板稳健标准误方法，进行稳健性检验，稳健性检验结果如表 4-7 所示。

稳健性检验主要用于判断实证分析结论是否具有稳健性，通过改变参数设定或模型选择，重新进行回归分析，对比前后结论是否具有一致性。如果稳健性检验结果与原检验结果在系数符号上发生了显著变化，则表明检验结果不具备稳健性。以此为判断尺度，通过对比表 4-6 和表 4-7 检验结果发现，检验结果均在 1%的水平上显著，虽然个别系数大小有所差异，但正负号均一致，说明所得出的结论均保持一致。因此，上述实证分析结论通过稳健性检验。

表 4-7　稳健性检验结果

变量		技术要素		资本要素		劳动要素	
	模型 1	模型 2	模型 3	模型 4	模型 5	模型 6	模型 7
	Manu	Techf	Manu	Capf	Manu	Laborf	Manu
Dataf	0.615*** (58.80)	0.856*** (63.52)	0.466*** (16.03)	1.026*** (59.04)	0.423*** (15.92)	0.888*** (52.67)	0.318*** (14.87)
Techf	—	—	0.175*** (5.50)	—	—	—	—
Capf	—	—	—	—	0.187*** (7.79)	—	—
Laborf	—	—	—	—	—	—	0.335*** (15.24)
Con	0.223*** (54.49)	0.019* (3.58)	0.220*** (54.44)	0.019*** (2.80)	0.220*** (55.98)	0.041** (9.83)	0.208*** (36.50)
控制变量	控制	控制	控制	控制	控制	控制	控制
中介效应	—	0.1498		0.1919		0.4141	

（续表）

变量		技术要素		资本要素		劳动要素	
	模型 1	模型 2	模型 3	模型 4	模型 5	模型 6	模型 7
	Manu	Techf	Manu	Capf	Manu	Laborf	Manu
R^2	0.8589	0.8949	0.8661	0.8599	0.8726	0.8995	0.8999
样本数	570	570	570	570	570	570	570

注：*、**、***分别代表在 10%、5%、1%的置信水平上显著，括号内为 t 值。

4.4　演化序参量识别

本节进一步识别究竟哪个要素是主宰制造业高质量发展的驱动因素，制造业高质量发展过程中是否存在多要素协同。根据要素禀赋理论，要素高端化是制造业价值链向中上游攀升的关键因素，单一要素驱动向多重要素驱动的协同演变，正是价值链高端化的一种外化表现。因此，有必要借助协同学中的经典哈肯模型，针对样本数据进行分阶段序参量识别。根据 2.2 节中我国制造业高质量发展水平测度结果及阶段特征划分，本节将样本数据同样划分为 2000—2010 年和 2011—2018 年两个阶段，采用哈肯模型进行分阶段序参量识别。

4.4.1　哈肯模型介绍

哈肯模型由德国物理学家赫尔曼·哈肯提出，是衡量某一个系统中多要素协同演化有序度的一种方法。根据赫尔曼·哈肯（1995）提出的系统自组织思想，一个系统包含多个子系统，子系统又包含多个序参量，子系统与序参量之间属于包含关系，两者共同影响着系统演化方向。当外界参数改变时，系统中的突变点或临界点随之迁移，将系统演化轨迹分为截然不同的阶段。通过哈肯模型便可以识别出系统中的突变点或临界点。系统中的参量可以分为快变量和慢变量，慢变量驱使着快变量，并且支配着系统演化方向。赫尔曼·哈肯对系统参量做了一系列复杂的数学处理，提出绝热消去法。通过建立运动方程，判断运动方程各项参数是否满足绝热近似假设条件，便能够识别出系统演化的慢变量（支配变量）（李琳和刘莹，2014；郑玉雯和薛伟贤，2019）。假设一个系统中包含两个子系统，简化理解为两个变量，用 q_1、q_2 表示，q_1 表示慢变量，而 q_2 表示快变量，运动方程见式（4-5）～式（4-6）：

$$\dot{q}_1 = -\gamma_1 q_1 - a q_1 q_2 \tag{4-5}$$

$$\dot{q}_2 = -\gamma_2 q_2 + b q_1^2 \tag{4-6}$$

式中，参数 a、b、γ_1、γ_2 的大小和正负反映系统的演化方向及路径。参数 a 表达的是在系统演化过程中，慢变量 q_1 和快变量 q_2 之间的协同水平。如果 $a<0$，则 q_2 对 q_1 存在促进效用，且 a 的绝对值大小与 q_2 对 q_1 的促进效用成正比；如果 $a>0$，则 q_2 对 q_1 存在抑制效用，并且 a 的绝对值与 q_2 对 q_1 的抑制效用成正比。同理，参数 b 表达慢变量 q_1 对快变量 q_2 的协同效应。参数 γ_1 和 γ_2 分别表示两个子系统的阻尼系数，其含义是在表征系统演化过程中，变量加速度的快慢。根据绝热消去法，假设慢变量 q_1 突然消失，快变量 q_2 具有稳定性，由于受到阻尼效应影响，将返回前一阶段。快变量随着慢变量的变化而变化，且快变量变化速率比慢变量的变化速率大得多，$|\gamma_2|>|\gamma_1|$ 且至少相差一个数量级，且 $\gamma_2>0$ 被称为系统的绝热近似假设。如果该假设成立，突然移去 q_2，则 q_1 来不及改变。令 $\dot{q}_2=0$，求出式(4-7)：

$$q_2 = \frac{b}{\gamma_2} q_1^2 \tag{4-7}$$

式(4-7)恰好说明了子系统和序参量 q_2 与 q_1 之间的关系，q_2 是系统的快变量，q_1 是系统的慢变量，q_2 随着 q_1 的变化而变化，受作为内力的 q_1 的控制和支配。所以，q_1 正是整个系统演化的支配变量或决定变量。将式(4-7)代入式(4-5)可得支配变量表达式：

$$\dot{q}_1 = -\gamma_1 q_1 - \frac{ab}{\gamma_2} q_1^3 \tag{4-8}$$

哈肯模型最先被用于物理学中，运动方程主要是针对连续性变量而设定的。本节对其进行离散化处理，具体见式(4-9)和式(4-10)：

$$q_1(t) = (1-\gamma_1) q_1(t-1) - a q_1(t-1) q_2(t-1) \tag{4-9}$$

$$q_2(t) = (1-\gamma_2) q_2(t-1) + b q_1^2(t-1) \tag{4-10}$$

4.4.2　分时段序参量识别

根据第 2 章对制造业高质量发展内涵的分析可知，制造业高质量发展犹如一个复合系统，而数据要素、技术要素、资本要素和劳动要素犹如复合系统中的子系统。制造业高质量发展的本质是数据要素、技术要素、资本要素和劳动要素四个生产要素之间的协同演化。根据要素禀赋理论，制造业高质量发展有以下两个判断标准：一是要素高端化，即制造业高质量发展驱动要素向高端要素转变；二是多元要素协同化，即制造业高质量发展驱动要素由单一要素向多元要素转变。

4.4.2.1 第一阶段(2000—2010 年)制造业高质量发展的序参量识别

制造业高质量发展复合系统共有数据要素、技术要素、资本要素和劳动要素四个子系统(生产要素)，而哈肯模型是针对两个变量序参量识别，因此需对四个生产要素两两排序(共 $A_4^2=12$ 种)。步骤为：一是提出模型假设；二是构造运动方程并判断方程是否成立；三是求解方程参数并判断其是否满足"绝热近似假设"；四是判断模型假设是否成立，得出系统序参量。采用 Stata 15.0 工具对面板数据进行回归求得，2000—2010 年变量间两两分析结果如表 4-8 所示。

表 4-8 2000—2010 年变量间两两分析结果

序号	模型假设	运动方程	结论
①	$q_1=\text{Dataf}$ $q_2=\text{Techf}$	$q_1(t)=1.208^{***}q_1(t-1)-0.236^{***}q_1(t-1)q_2(t-1)$ (65.31) (−7.07) $q_2(t)=1.108^{***}q_2(t-1)+0.012q_1(t-1)^2$ (59.16) (0.45) $\gamma_1=-0.208;\gamma_2=-0.108;a=0.236;b=0.012$	a．运动方程不成立 b．不满足绝热近似假设 c．模型假设不成立
②	$q_1=\text{Techf}$ $q_2=\text{Dataf}$	$q_1(t)=1.160^{***}q_1(t-1)-0.075^{**}q_1(t-1)q_2(t-1)$ (51.08) (−2.02) $q_2(t)=1.156^{***}q_2(t-1)-0.153^{***}q_1(t-1)^2$ (72.58) (−4.91) $\gamma_1=-0.160;\gamma_2=-0.156;a=0.075;b=-0.153$	a．运动方程不成立 b．不满足绝热近似假设 c．模型假设不成立
③	$q_1=\text{Dataf}$ $q_2=\text{Capf}$	$q_1(t)=1.200^{***}q_1(t-1)-0.185^{***}q_1(t-1)q_2(t-1)$ (60.37) (−6.16) $q_2(t)=1.090^{***}q_2(t-1)-0.077^{**}q_1(t-1)^2$ (58.89) (−2.42) $\gamma_1=-0.200;\gamma_2=-0.090;a=0.185;b=-0.077$	a．运动方程不成立 b．不满足绝热近似假设 c．模型假设不成立
④	$q_1=\text{Capf}$ $q_2=\text{Dataf}$	$q_1(t)=1.174^{***}q_1(t-1)-0.215^{***}q_1(t-1)q_2(t-1)$ (49.85) (−5.49) $q_2(t)=1.128^{***}q_2(t-1)-0.066^{***}q_1(t-1)^2$ (68.12) (−2.94) $\gamma_1=-0.162;\gamma_2=-0.128;a=0.215;b=0.066$	a．运动方程不成立 b．不满足绝热近似假设 c．模型假设不成立
⑤	$q_1=\text{Dataf}$ $q_2=\text{Laborf}$	$q_1(t)=1.196^{***}q_1(t-1)-0.189^{***}q_1(t-1)q_2(t-1)$ (48.03) (−4.68) $q_2(t)=1.041^{***}q_2(t-1)+0.048^{***}q_1(t-1)^2$ (82.20) (2.31) $\gamma_1=-0.196;\gamma_2=-0.041;a=0.189;b=0.048$	a．运动方程不成立 b．不满足绝热近似假设 c．模型假设不成立

（续表）

序号	模型假设	运动方程	结论
⑥	$q_1=\text{Laborf}$ $q_2=\text{Dataf}$	$q_1(t)=1.056^{***}q_1(t-1)+0.019q_1(t-1)q_2(t-1)$ (60.75)　(0.64) $q_2(t)=1.075^{***}q_2(t-1)+0.010q_1(t-1)^2$ (52.47)　(0.33) $\gamma_1=-0.056;\gamma_2=-0.075;a=-0.019;b=0.010$	a．运动方程不成立 b．不满足绝热近似假设 c．模型假设不成立
⑦	$q_1=\text{Techf}$ $q_2=\text{Capf}$	$q_1(t)=1.171^{***}q_1(t-1)-0.087^{**}q_1(t-1)q_2(t-1)$ (50.14)　(−2.44) $q_2(t)=1.078^{***}q_2(t-1)-0.067^{*}q_1(t-1)^2$ (64.87)　(−1.88) $\gamma_1=-0.171;\gamma_2=-0.078;a=0.087;b=-0.067$	a．运动方程不成立 b．不满足绝热近似假设 c．模型假设不成立
⑧	$q_1=\text{Capf}$ $q_2=\text{Techf}$	$q_1(t)=1.006^{***}q_1(t-1)-0.031^{***}q_1(t-1)q_2(t-1)$ (51.07)　(−5.41) $q_2(t)=1.112^{***}q_2(t-1)-0.018^{***}q_1(t-1)^2$ (74.80)　(3.29) $\gamma_1=-0.006;\gamma_2=-0.112;a=0.031;b=-0.018$	a．运动方程成立 b．满足绝热近似假设 c．模型假设成立，Capf 是序参量
⑨	$q_1=\text{Techf}$ $q_2=\text{Laborf}$	$q_1(t)=1.117^{***}q_1(t-1)-0.001q_1(t-1)q_2(t-1)$ (37.07)　(−0.03) $q_2(t)=1.061^{***}q_2(t-1)+0.013q_1(t-1)^2$ (84.25)　(0.51) $\gamma_1=-0.117;\gamma_2=-0.061;a=0.001;b=0.013$	a．运动方程成立 b．满足绝热近似假设 c．模型假设成立
⑩	$q_1=\text{Laborf}$ $q_2=\text{Techf}$	$q_1(t)=1.076^{***}q_1(t-1)-0.019q_1(t-1)q_2(t-1)$ (53.23)　(−0.57) $q_2(t)=1.011^{***}q_2(t-1)+0.153^{***}q_1(t-1)^2$ (47.43)　(5.12) $\gamma_1=-0.076;\gamma_2=-0.011;a=0.019;b=0.153$	a．运动方程成立 b．不满足绝热近似假设 c．模型假设不成立
⑪	$q_1=\text{Capf}$ $q_2=\text{Laborf}$	$q_1(t)=1.166^{***}q_1(t-1)-0.197^{***}q_1(t-1)q_2(t-1)$ (36.72)　(−3.75) $q_2(t)=1.048^{***}q_2(t-1)+0.029q_1(t-1)^2$ (82.39)　(1.59) $\gamma_1=-0.166;\gamma_2=-0.048;a=0.197;b=0.029$	a．运动方程不成立 b．不满足绝热近似假设 c．模型假设不成立
⑫	$q_1=\text{Laborf}$ $q_2=\text{Capf}$	$q_1(t)=1.064^{***}q_1(t-1)+0.003q_1(t-1)q_2(t-1)$ (64.87)　(0.12) $q_2(t)=1.018^{***}q_2(t-1)+0.057q_1(t-1)^2$ (47.16)　(1.56) $\gamma_1=-0.064;\gamma_2=-0.018;a=-0.003;b=0.057$	a．运动方程不成立 b．不满足绝热近似假设 c．模型假设不成立

通过对比分析表 4-8，综合得出第一阶段制造业高质量发展的序参量是由单一要素（资本要素）驱动的，并未出现多要素协同驱动现象。

4.4.2.2 第二阶段(2011—2018 年)制造业高质量发展的序参量识别

第二阶段序参量识别步骤与第一阶段相同，2011—2018 年变量间两两分析结果如表 4-9 所示。

表 4-9 2011—2018 年变量间两两分析结果

序号	模型假设	运动方程	结论
①	$q_1=\text{Dataf}$ $q_2=\text{Techf}$	$q_1(t)=1.176^{***}q_1(t-1)-0.133^{**}q_1(t-1)q_2(t-1)$ (69.15) (−2.05) $q_2(t)=1.036^{***}q_2(t-1)+0.100^{***}q_1(t-1)^2$ (71.84) (1.13) $\gamma_1=-0.176;\gamma_2=-0.036;a=0.133;b=0.100$	a. 运动方程成立 b. 不满足绝热近似假设 c. 模型假设不成立
②	$q_1=\text{Techf}$ $q_2=\text{Dataf}$	$q_1(t)=1.044^{***}q_1(t-1)+0.089q_1(t-1)q_2(t-1)$ (59.05) (1.48) $q_2(t)=1.145^{***}q_2(t-1)-0.007q_1(t-1)^2$ (76.96) (−0.1) $\gamma_1=-0.04;\gamma_2=-0.145;a=-0.089;b=-0.007$	a. 运动方程不成立 b. 不满足绝热近似假设 c. 模型假设不成立
③	$q_1=\text{Dataf}$ $q_2=\text{Capf}$	$q_1(t)=1.159^{***}q_1(t-1)-0.046q_1(t-1)q_2(t-1)$ (75.63) (−0.54) $q_2(t)=1.132^{***}q_2(t-1)-0.016q_1(t-1)^2$ (58.89) (1.13) $\gamma_1=-0.159;\gamma_2=-0.132;a=0.46;b=-0.016$	a. 运动方程不成立 b. 不满足绝热近似假设 c. 模型假设不成立
④	$q_1=\text{Capf}$ $q_2=\text{Dataf}$	$q_1(t)=1.162^{***}q_1(t-1)-0.114q_1(t-1)q_2(t-1)$ (50.32) (−1.62) $q_2(t)=1.132^{***}q_2(t-1)+0.032^{***}q_1(t-1)^2$ (87.20) (1.12) $\gamma_1=-0.162;\gamma_2=-0.132;a=0.114;b=0.032$	a. 运动方程不成立 b. 不满足绝热近似假设 c. 模型假设不成立
⑤	$q_1=\text{Dataf}$ $q_2=\text{Laborf}$	$q_1(t)=1.117^{***}q_1(t-1)+0.103q_1(t-1)q_2(t-1)$ (52.08) (1.34) $q_2(t)=1.132^{***}q_2(t-1)+0.050q_1(t-1)^2$ (90.54) (1.13) $\gamma_1=-0.117;\gamma_2=0.07;a=-0.132;b=0.050$	a. 运动方程不成立 b. 不满足绝热近似假设 c. 模型假设不成立
⑥	$q_1=\text{Laborf}$ $q_2=\text{Dataf}$	$q_1(t)=1.147^{***}q_1(t-1)-0.012q_1(t-1)q_2(t-1)$ (59.94) (−0.54) $q_2(t)=1.092^{***}q_2(t-1)+0.198^{***}q_1(t-1)^2$ (81.15) (4.47) $\gamma_1=-0.147;\gamma_2=-0.092;a=0.012;b=0.198$	a. 运动方程不成立 b. 不满足绝热近似假设 c. 模型假设不成立
⑦	$q_1=\text{Techf}$ $q_2=\text{Capf}$	$q_1(t)=1.035^{***}q_1(t-1)-0.023^{**}q_1(t-1)q_2(t-1)$ (58.85) (2.03) $q_2(t)=1.120^{***}q_2(t-1)+0.049q_1(t-1)^2$ (55.12) (0.48) $\gamma_1=-0.035;\gamma_2=-0.120;a=0.023;b=0.049$	a. 运动方程不成立 b. 不满足绝热近似假设 c. 模型假设不成立

（续表）

序号	模型假设	运动方程	结论
⑧	$q_1 = \text{Capf}$ $q_2 = \text{Techf}$	$q_1(t) = 1.179^{***} q_1(t-1) - 0.217^{**} q_1(t-1) q_2(t-1)$ (45.29)　(−2.13) $q_2(t) = 1.025^{***} q_2(t-1) + 0.105^{***} q_1(t-1)^2$ (74.80)　(3.98) $\gamma_1 = -0.179; \gamma_2 = -0.025; a = 0.217; b = 0.105$	a．运动方程成立 b．不满足绝热近似假设 c．模型假设成立
⑨	$q_1 = \text{Techf}$ $q_2 = \text{Laborf}$	$q_1(t) = 0.995^{***} q_1(t-1) - 0.038^{***} q_1(t-1) q_2(t-1)$ (44.47)　(4.19) $q_2(t) = 1.125^{***} q_2(t-1) + 0.005^{**} q_1(t-1)^2$ (87.53)　(1.94) $\gamma_1 = 0.005; \gamma_2 = -0.125; a = 0.038; b = 0.005$	a．运动方程成立 b．满足绝热近似假设 c．模型假设成立，Techf 是序参量
⑩	$q_1 = \text{Laborf}$ $q_2 = \text{Techf}$	$q_1(t) = 1.130^{***} q_1(t-1) + 0.072^{***} q_1(t-1) q_2(t-1)$ (53.23)　(0.71) $q_2(t) = 0.995^{***} q_2(t-1) + 0.266^{***} q_1(t-1)^2$ (73.21)　(1.13) $\gamma_1 = -0.130; \gamma_2 = -0.005; a = -0.072; b = 0.266$	a．运动方程成立 b．不满足绝热近似假设 c．模型假设不成立
⑪	$q_1 = \text{Capf}$ $q_2 = \text{Laborf}$	$q_1(t) = 1.123^{***} q_1(t-1) + 0.017 q_1(t-1) q_2(t-1)$ (35.25)　(0.15) $q_2(t) = 1.135^{***} q_2(t-1) + 0.026 q_1(t-1)^2$ (90.37)　(1.13) $\gamma_1 = -0.123; \gamma_2 = -0.135; a = -0.017; b = 0.026$	a．运动方程不成立 b．不满足绝热近似假设 c．模型假设不成立
⑫	$q_1 = \text{Laborf}$ $q_2 = \text{Capf}$	Y_t	a．运动方程不成立 b．不满足绝热近似假设 c．模型假设不成立

同样，结合模型判断条件和标准，综合得出第二阶段制造业高质量发展序参量仍由单一要素(技术要素)驱动，同样并未出现多要素协同驱动现象。

4.4.3　演化结果分析

借鉴美国经济学家乔治·斯蒂格勒(George Stigler)对制造业发展演化范式的学术观点，制造业发展演化范式由劳动制造—资本制造—知识制造—智能制造演化而来(王永龙和余娜等，2020)。制造业高质量发展内生于制造业发展范式，不同的演化阶段赋能主体、驱动模式和迭代效应均不相同。制造业高质量发展演化范式如图 4-2 所示，在劳动密集型制造中，质量变革主要由劳动赋能，源于生产-供给驱动，表现为产能扩张和低端制造；在资本密集型制造中，质量变革主要由资本赋能，源于投资-市场驱动，表现为持续产能扩张和低端制造向中高端制造升级(质量阶梯升级)；在知识密集型制造中，质量变革主要由知识赋能，源于全要素生产率驱动，表现为垂直专业化和全球价值链攀升；在智能制造中，质量变革主要由数据赋能，源于数字化、网络化、平台化和需求升级驱动。由此可见，制造业高质量发展演化范式揭示了制造业不同阶段驱动要素的转换或迭代，是驱动要素由低端要素向高端要素转换的必然结果。

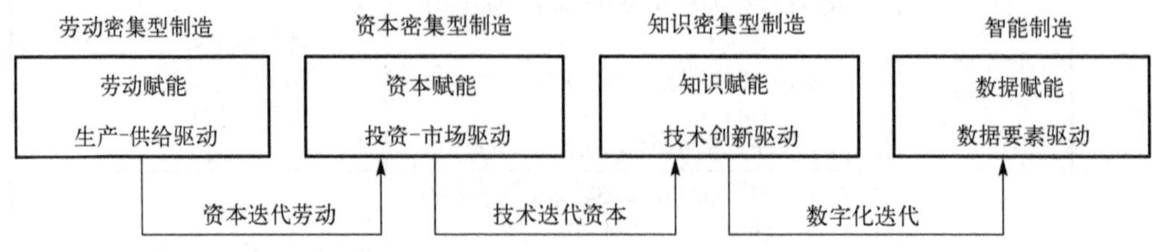

图 4-2　制造业高质量发展演化范式

通过对第一阶段和第二阶段进行序参量识别，中国制造业高质量发展仍处于初级阶段，多要素协同和要素高端化并未发生质变。具体分析有两点：①通过序参量识别发现，制造业高质量发展仍是以单一要素驱动为主，并未出现多要素协同驱动现象；②通过序参量识别发现，主要驱动因素由第一阶段的资本要素驱动演变为第二阶段的技术要素驱动，从要素资源禀赋视角判断，驱动要素从基本要素向高端要素演变。通过对比制造业高质量发展演化范式发现，中国制造目前仍然处于技术创新驱动阶段，并未出现大规模数据要素驱动现象。综合判断，中国制造业高质量发展目前仍处于初级阶段，根据数字技术经济范式和要素协同演化规律，未来10～20年中国制造业高质量发展都将处于初级协同阶段，数据要素和数字技术将成为由初级阶段向高级阶段演进的主要驱动力。

4.5　优化路径

4.1～4.3节主要从数据要素视角，探索工业大数据如何通过直接效应和中介效应赋能制造业高质量发展，4.4节借鉴协同学中的哈肯模型，分阶段识别出中国制造业高质量发展协同演化序参量。本节面向制造业高质量发展的重大需求，为培育壮大数据要素市场和充分释放数据要素赋能红利，提出以下优化路径。

(1)紧扣数据要素赋能典型特征。数据要素对制造业高质量发展既存在直接效应，又存在中介效应。一方面，要大力提倡数据市场化，提高数据流动效率，充分释放数据赋能红利。以数据要素作为制造业高质量发展的新型生产要素或高端生产要素，诱发数据要素与传统生产要素产生大规模协同效应，从而为制造业高质量发展提质增效。另一方面，必须紧扣数据要素赋能特征，把握数据要素对传统生产要素的增值效应，精准掌握生产要素和技术创新演化规律，加

快数据要素与传统要素深度融合，驱动制造业高质量发展。

(2)持续提供良好政策环境和市场环境。在政策层面，重点培育壮大数据要素市场，促进数据要素像传统生产要素一样自由流动，只有使数据要素高效流动起来，才能为制造业高质量发展提供源源不竭的动力，并且刺激数据要素与技术要素、资本要素和劳动要素的协同演化，以期共同驱动制造业高质量发展。数据要素赋能制造业高质量发展是一个复杂作用过程，必须充分发挥市场机制和政策调控双重作用，以市场自主调节为主，以政府政策保障为辅。政策重心应聚焦于促进制造业数字化转型的激励协同，整体上给予数据要素市场财税、金融、保险和服务等政策支持，提倡传统制造企业数字化改造。

(3)加大数字高端人才培养和引进力度。数据要素的增值能力强，在数字经济背景下，人才红利和技术创新具有较大的发展潜力和开拓空间。面对制造业大而不强、高技术人才匮乏、关键领域核心技术受制于人的严峻局面，需加快培养高端人才，给予充足科研支持，设立核心技术攻关项目，努力培育技术创新核心优势。

(4)充分认识制造业高质量发展初级协同阶段特征。目前，中国制造业仍处于由数量向质量转变的初级协同阶段，要素驱动比较单一，驱动要素未发生高端化进阶。处于初级协同阶段的中国制造业高质量发展重点从三个方面展开：一是重点夯实新型数字基础设施，坚持需求牵引、协同推进，加快 5G、工业大数据、区块链及工业互联网等新型数字化基础设施投资建设，为驱动要素向高端要素演化提供基础能力保障；二是应该以推动传统制造业数字化转型为主，以数据为驱动，以技术为支撑，加快制造业“数字化、智能化、网络化、服务化、个性化”五化转型，促进制造产业体系的现代化；三是应该着重健全数据要素基础性制度，健全数据产权保护、安全保障和公平交易等制度，提升政府数字监管能力和市场数字治理能力，促使数据要素市场健康可持续发展，充分释放数据要素倍增红利，实现数据价值最大化。

4.6　本章小结

本章从数据要素视角，采用中国 2000—2018 年省际面板数据，实证检验工业大数据对制造业高质量发展的赋能机理，并且通过拓展研究识别不同阶段中国制造业高质量发展的序参量，提出工业大数据作为数据要素赋能制造业高质量的优化路径。

(1)构建工业大数据度量指标体系。通过对工业大数据权威白皮书进行解读，得出工业大数据与智能制造和工业互联网的关系非常密切，前者是后两者的核心元素，而后两者是工业大数据的典型应用场景和主要来源场地。构建包含智能制造评价体系和工业互联网五大核心产业的综合指标体系，以度量工业大数据发展指数。

(2)通过数理模型和实证检验，工业大数据作为数字经济时代新生产要素，不仅对制造业高质量发展具有直接赋能效应，还对传统生产要素产生中介效应。检验结果发现，数据要素对劳动要素、资本要素和技术要素均有中介效应，并且中介效应依次减弱。

(3)通过拓展研究识别出，制造业高质量发展的驱动因素由第一阶段的资本要素驱动转为第二阶段的技术要素驱动，根据要素禀赋理论，驱动要素已由基本要素向高端要素演化。但是，实证检验发现两个阶段仍由单一要素驱动，未出现多要素协同驱动，数据要素同样并未成为制造业高质量发展的主导驱动要素。因此，中国制造业高质量发展在未来10～20年都将处于初级协同阶段，由此提出培育壮大数据要素市场和充分释放数据赋能红利的优化路径。

第5章

基于数字技术视角——工业大数据赋能制造业高质量发展的实证研究

第 4 章主要从数据要素视角支撑第 3 章的理论框架，本章则从数字技术视角支撑第 3 章的理论框架，本章与第 4 章共同对第 3 章形成互补性支撑。工业大数据既是制造业高质量发展的关键生产要素，又是推动制造业高质量发展的核心赋能技术(数字技术)。本章借鉴已有文献的学术思想，采用制造业高质量发展的代理指标——全要素生产率，将工业大数据视为数字技术，将两者引入数理模型并进行推导。将全要素生产率作为制造业高质量发展的代理指标(刘志彪和凌永辉，2020)，主要是因为全要素生产率是制造业向高阶进阶的动力源，为制造业高质量发展提供源源不竭的动力(李廉水和鲍怡发等，2020)。全要素生产率本质上是一种资源配置效率，产业结构优化、制造模式创新、生产要素协同引起的资源重新配置，都可以提高全要素生产率。而蔡昉(2015)更是将提高全要素生产率视为供给侧结构性改革的着力点，明确提出降低杠杆和消除过剩产能是遏制全要素生产率下降的重要手段。

5.1　数字技术的属性与作用

5.1.1　数字技术的属性

数字技术是数字革命的核心技术，正掀起席卷全球的科技革命和产业变革，数字技术与制造业产业集成融合开启了智能制造数字化新时代。数字革命始于 20 世纪 60 年代末 70 年代初，发展到 1987 年，马克・波拉特提出“第二信息部门”的概念，表明数字技术与其他经济部门出现融合现象(刘昭洁，2018)。

20 世纪 90 年代，数字技术日益成熟，发展迅猛，在促进传统产业数字化的同时，也催生了新的产业和新的经济运行模式。工业大数据具有使能性和通用目的性，属于数字技术范畴（邢小强和周平录等，2019）。数字技术对传统生产要素主要有组合迭代效应和融合创新效应，前者是指数字技术能够引发传统生产要素加速迭代，优化升级，自我革新。当达到一定程度后，能够诱发生产要素跨领域、跨行业、多维度、系统性和革命性大规模突破；后者是指数字技术能够与传统生产要素融合，催生新的数字化生产要素，该要素参与生产过程，实现全流程的数字生产。综合而言，数字技术与传统要素深度融合乘数效应凸显，对中国制造业高质量发展有巨大的价值。数字技术主要从 IT 资本的深化、信息部门全要素生产率的提高和其他部门生产率的增长三个层面，对经济增长产生显著正效应（王欣，2010）。

数字技术是技术进步的一种体现，是制造业高质量发展的核心赋能技术。将数字技术引入生产要素体系，将对其产生重构效应，并引发生产要素组合发生群体性突破。赋能技术一词由数字赋能与数据技术复合而来，其理论基础源于数字创新理论和赋能理论融合，赋能技术重点强调数字技术是通过重构生产要素体系，催生数字化生产要素，以赋能于生产效率的提升（Acar 和 Puntoni，2016；柳卸林和董彩婷等，2020）。数字赋能技术具体分为硬件赋能技术、软件赋能技术和网络赋能技术三类（邢小强和周平录等，2019）。

有关数字技术的属性，国内外学者均进行了深入研究。首先，Yoo 等（2012）认为数字技术具有自生长性（Generativity）和融合性（Convergence）两大特性，重点强调数字技术能够使产品持续迭代创新和打破产业边界融合创新；具有此类观点的 Holmstrom（2018）提出数字技术具有可再结合性（Recombination），重点强调数字技术能够使传统生产要素重新嵌套和重构组合。其次，Autio 等（2018）认为除上述属性外，数字技术还具有解耦性（Decoupling）和去中介性（Disinterme-diation），重点强调生产过程中应减少对专有性资源和价值链中介的依赖，充分挖掘要素价值和放大价值传递功能。最后，余江等（2017）在综括上述技术属性的基础上，认为数字技术还具有溯源性（Traceability）、寻址性（Addressability）和记忆性（Memorability）等特性，重点突出数字技术万物皆可融和高度敏捷性。此外，部分学者（Von 等，2018）认为数字技术与传统生产要素融合必须具备一定的基础条件，其中数字技术配套元件包括数字组件（Digital Artifacts）、数字平台（Digital Platforms）和数字基础设施（Digital Infrastructure）三部分。数字技术是一种典型的通用目的技术（GPT），随着数字技术加速模块化，其易用性和扩散性越来越强，这极大地降低了交易费用，显著提高了生产效率（王梦

菲和张昕蔚，2020）。综上所述，数字技术重构生产要素体系，赋能于全要素生产率，具有天然优势。数字技术与传统生产要素不断融合迭代，源源不断地形成融合倍增效应，直接提高资本利用率和劳动生产效率，进一步提高全要素生产率。

5.1.2　数字技术的作用

目前，国内外关于数字技术与制造业全要素生产率内在联系的相关研究仍处于探索阶段，通过梳理国内外相关文献，本节归纳了以下三种观点。

第一种观点主要从生产要素协同视角，将数字技术视为生产要素扩展型技术，具体包含资本扩展型技术（Graetz 等，2018）和劳动扩展型技术（Bloom 等，2019），此观点认为数字技术对资本和劳动产生替代效应，数字技术的使用将降低资本和劳动市场份额。Acemoglu 等（2018）具有类似观点，提出数字技术是实现智能化生产的一项应用型技术，数字技术更偏向于替代劳动，这主要是由于资本和劳动的智能化将导致劳动份额大幅度下降。经过更深入的研究，Acemoglu 等（2019）认为数字技术是一种改进生产效率的辅助性工具，因而数字技术对资本和劳动的影响更多的是结构性影响，数字技术的使用并不会造成资本和劳动市场份额的大幅度下降。数字技术赋能效应和倍增效应凸显，但数字技术必须与传统生产要素形成相互赋能系统，并通过不断迭代更新和优化重组产生“双重效应”红利（蔡跃洲和张钧南，2015；郭凯明，2019；Teece，2018）。国内外学术界一致认为数字技术红利效应显著，数字技术融入生产要素体系能够显著提高生产要素的配置效率。本节在前人研究基础上，结合数字技术的属性，将数字技术扩展为生产要素型赋能技术，具体包含资本型赋能技术和劳动型赋能技术。

第二种观点主要从促进全要素生产率增长视角，认为数字技术能够提高产品质量和附加值。李廉水和鲍怡发等（2020）通过测算发现，制造业智能化通过技术进步显著地促进全要素生产率增长。部分学者认为数字技术融入提高的是劳动生产效率，Makridakis（2017）认为数字技术是通过弥补人类劳动生理缺陷，配合人类执行复杂任务，从根本上提升劳动生产效率。Kromann 等（2019）则认为数字技术通过人机协同和深度学习辅助人类工作，实现生产和管理智能化，从而提高劳动生产效率。张辽和吴耸杰（2020）则认为信息技术通过改善企业信息分析和决策水平，从而对全要素生产率增长产生促进作用，这点对高技术密集型企业的全要素生产率尤为突出。本章将在前述研究基础上，通过设定 CES 生产函数重新分解制造业全要素生产率，从数理模型推导和实证分析两个方面佐证数字技术对全要素生产率具有促进作用。

第三种观点聚焦于生产率悖论（Productivity Paradox），认为数字技术是一种信息技术，而信息技术能够抑制全要素生产率。生产率悖论由 Solow（1987）首先提出，经过系列研究认为信息技术及信息产业的发展，对国民经济其他行业的改善效果并没有太明显，甚至没有正激励作用，学术界对此的讨论持续至今。唐未兵和傅元海等(2014)认为数字技术如果与本地基础不匹配，数字技术嵌入将出现空心化，难以对经济增长产生正效用。Brynjolfsson 等(2017)具有相同观点，认为人工智能技术的应用对全要素生产率作用非常复杂，过度依赖智能技术反而会抑制全要素生产率。学术界针对生产率悖论的解释主要有滞后效应、测算误差和要素错配三种，Aghion 等(2017)认为数字技术对全要素生产率提升具有时滞性，短期内数字技术无法促进全要素生产率的提升。而 Brynjolfsson 等(1998)则认为测算误差是生产率悖论的主要原因，传统核算方法往往忽视了信息技术资本产生的收益。但 Acemoglu 和 Restrepo 等(2018)认为测算误差和增长时滞性都不能合理解释生产率悖论，提出过度智能化将导致资源浪费和劳动力错配，间接抑制全要素生产率增长。我们的学术观点与 Acemoglu 和 Restrepo 等(2018)一致，认为任何新技术过度使用或泛滥使用都将适得其反，因此要素配置偏向问题是分析数字技术赋能效应的必要问题之一。

5.1.3 简要述评

国内外学者对数字技术展开积极探索，涌现出丰硕的成果，为本章的学术构思和实证分析均提供了有益启示。但目前关于数字技术的学术研究还存在以下问题：①数字技术与制造业全要素生产率增长的内在联系模糊不清；②数字技术如何在生产函数中得以体现有待研究；③数字技术赋能制造业全要素生产率增长路径未见报道。基于此，我们以数字技术是生产要素赋能型技术为切入点，拓展数字技术为资本赋能型技术和劳动赋能型技术，引入 CES 生产函数，推演全要素生产率增长公式，厘清数字技术与制造业全要素生产率增长的内在联系，清晰展现数字技术赋能制造业全要素生产率增长路径，为制造业高质量发展对策建议的提出提供理论指导。

5.2 研究设计

5.2.1 数理模型推演

5.2.1.1 生产函数设定

学术界刻画生产要素投入与产出关系时普遍采用柯布-道格拉斯(C-D)生

产函数，但就 C-D 生产函数的一般表达式而言，以希克斯中性技术进步为前提条件，即劳动和资本共用一个技术进步，无法表征资本赋能型技术和劳动赋能型技术对产出效率的影响。针对上述问题，我们借鉴 Acemoglu 等(2008)有关技术进步偏向性的学术思想，引入 CES 生产函数构建产出模型，具体模型见式(5-1)：

$$Y_t=\left(\theta(A_{K_t}K_t)^{\frac{(\sigma-1)}{\sigma}}+(1-\theta)(A_{L_t}L_t)^{\frac{(\sigma-1)}{\sigma}}\right)^{\frac{\sigma}{\sigma-1}} \tag{5-1}$$

式(5-1)中，Y_t、K_t、L_t 分别代表产出、资本、劳动，A_{K_t} 和 A_{L_t} 分别代表资本赋能型技术和劳动赋能型技术；$\theta\in(0,1)$，代表资本与劳动的分配比例；σ 代表数字化资本与数字化劳动替代弹性；当 $\sigma>1$ 时，说明数字化资本与数字化劳动为替代关系；当 $\sigma<1$ 时，说明数字化资本与数字化劳动为互补关系；当 $\sigma=1$ 时，CES 生产函数退化成 C-D 生产函数，数字化资本与数字化劳动呈现常数替代关系；当 $\sigma=0$ 时，CES 生产函数退化成 Leontief 生产函数，数字化资本与数字化劳动之间完全互补。

5.2.1.2　数字技术偏向性指数构建

在式(5-1)基础上，为了得到生产要素产出比，分别对资本要素和劳动要素求偏导，结果见式(5-2)：

$$\mathrm{TRS}_t=\frac{\theta}{1-\theta}\left(\frac{A_{K_t}}{A_{L_t}}\right)^{\frac{(\sigma-1)}{\sigma}}\left(\frac{K_t}{L_t}\right)^{-\frac{1}{\sigma}} \tag{5-2}$$

式(5-2)中，TRS_t 为生产要素产出比，其他变量的解释同式(5-1)。

借鉴戴天仕等(2010)的学术观点，引入偏向性指数刻画数字技术偏向方向与程度。数字技术偏向性指数见式(5-3)：

$$H_t=\frac{1}{\mathrm{TRS}_t}\frac{\partial\mathrm{TRS}_t}{\partial(A_{K_t}/A_{L_t})}\frac{\mathrm{d}(A_{K_t}/A_{L_t})}{\mathrm{d}t}=\frac{\sigma-1}{\sigma}(\widehat{A_{K_t}}-\widehat{A_{L_t}}) \tag{5-3}$$

式(5-3)中，H_t 为数字技术偏向性指数，其绝对值越大，说明数字技术偏向程度越高；$\widehat{A_{K_t}}$、$\widehat{A_{L_t}}$ 分别表示资本赋能型技术增长率、劳动赋能型技术增长率。数字技术偏向方向取决于要素替代弹性和资本赋能型技术与劳动赋能型技术相对增长率变化。若要素替代弹性 $\sigma<1$，资本赋能型技术增长率大于劳动赋能型技术增长率，偏向劳动（$H_t<0$），反之，偏向资本（$H_t>0$）；若要素替代弹性 $\sigma>1$，资本赋能型技术增长率大于劳动赋能型技术增长率，偏向资本（$H_t>0$），反之，偏向劳动（$H_t<0$）；若要素替代弹性 $\sigma=1$ 时，数字技术为希克斯中性（$H_t=0$）。

综上所述，数字技术偏向性指数 $H_t > 0$ 时，数字技术偏向资本，反之，数字技术偏向劳动。

5.2.1.3 要素配置偏向性指数构建

由式(5-2)可知，影响生产要素产出比的重要因素是单位劳动下资本投入量 K_t / L_t，我们将其称为要素配置。为刻画要素配置偏向方向，借鉴数字技术偏向性指数思想，构建要素配置偏向性指数，见式(5-4)：

$$S_t = \frac{1}{\mathrm{TRS}_t} \frac{\partial \mathrm{TRS}_t}{\partial (K_t / L_t)} \frac{\mathrm{d}(K_t / L_t)}{\mathrm{d}t} = -\frac{1}{\sigma}(\widehat{K_t} - \widehat{L_t}) \tag{5-4}$$

式(5-4)中，S_t 表示生产要素配置偏向性指数，主要取决于资本要素增长率与劳动要素增长率之差，$\widehat{K_t}$、$\widehat{L_t}$ 分别代表资本要素增长率、劳动要素增长率。当资本要素增长率大于劳动要素增长率时（$S_t < 0$），说明要素配置偏向劳动，反之，偏向资本。

5.2.1.4 全要素生产率增长率表达式推演

为解决 CES 生产函数非线性问题，我们参考 Kmenta(1967)提出的处理方法，对式(5-1)取对数后，在 $\sigma = 1$ 处进行二阶泰勒展开，得到等价于原生产函数的线性表达式，具体见式(5-5)：

$$\ln(Y_t) = \theta \ln(A_{K_t} K_t) + (1-\theta)\ln(A_{L_t} L_t) + \frac{\sigma - 1}{2\sigma}\theta(1-\theta)[\ln(A_{K_t} K_t) - \ln(A_{L_t} L_t)]^2 \tag{5-5}$$

在式(5-5)基础上，将等式两边分别对时间求全微分得到产出增长率，具体见式(5-6)：

$$\frac{\dot{Y}_t}{Y_t} = \theta\left(\frac{\dot{A}_{K_t}}{A_{K_t}} + \frac{\dot{K}_t}{K_t}\right) + (1-\theta)\left(\frac{\dot{A}_{L_t}}{A_{L_t}} + \frac{\dot{L}_t}{L_t}\right) + \frac{\theta(1-\theta)(\sigma-1)}{\sigma}\ln\left(\frac{A_{K_t}K_t}{A_{L_t}L_t}\right)\left(\frac{\dot{A}_{K_t}}{A_{L_t}} + \frac{\dot{K}_t}{K_t} - \frac{\dot{A}_{L_t}}{A_{L_t}} - \frac{\dot{L}_t}{L_t}\right) \tag{5-6}$$

TFP 一词源于 Solow 模型中的“索洛残差”，主要是为了解释生产增长率中除资本要素和劳动要素贡献外的部分，通常被用于解释技术进步所带来的影响(Solow，1957)。目前，学术界对式(5-6)普遍采用索洛残差法求解 TFP 增长率，通过对比分析相关文献发现，不同学者(陈晓玲和徐舒等，2015；陈汝影和余东华，2019)分解出来的 TFP 增长率公式却不尽相同，原因主要有三点：①剔除资本和劳动影响时，该不该忽略掉数字技术偏向性影响？②要素配置偏向性影响该不该剔除？③数字技术与要素配置交互影响该不该忽略？为减小 TFP 增长率衡量误差，我们仅在式(5-6)中剔除资本和劳动影响，保留数字技术偏向性影

响和要素配置偏向性影响。通过等价转化和要素剔除，得到重新分解 TFP 增长率表达式，见式(5-7)：

$$\widehat{\mathrm{TFP}_t} = \underbrace{\theta \widehat{A_{K_t}} + (1-\theta)\widehat{A_{L_t}}}_{\text{数字技术增长效应}} + \underbrace{\theta(1-\theta)H_t \ln(A_{K_t}/A_{L_t})}_{\text{数字技术偏向效应}} + \underbrace{\theta(1-\theta)(1-\sigma)S_t \ln(K_t/L_t)}_{\text{要素配置偏向效应}} + \underbrace{\theta(1-\theta)[H_t \ln(K_t/L_t) + (1-\sigma)S_t \ln(A_{K_t}/A_{L_t})]}_{\text{数字技术偏向与要素配置偏向交互效应}} \tag{5-7}$$

基于式(5-7)，我们将 TFP 增长率影响效应分解为数字技术增长效应(DTEE)、数字技术偏向效应(DTBE)、要素配置偏向效应(FABE)和数字技术偏向与要素配置偏向交互效应(DTFA)四部分。由式(5-7)可知，数字技术增长效应系数恒为正，因此数字技术增长效应对 TFP 增长具有显著正效应。数字技术偏向资本时，其效应具有显著正效应，反之，具有负效应。要素配置偏向资本时，其效应具有显著正效应，反之，具有负效应。而数字技术偏向与要素配置偏向交互效应正负与两者偏向方向相关，当同时偏向资本时，具有显著正效应；当同时偏向劳动时，具有显著负效应；当两者偏向方向不同时，具体根据偏向程度判断。综上所述，数字技术和要素配置整体偏向资本时，能够显著促进 TFP 增长，反之，则抑制 TFP 增长。由此，我们提出数字技术赋能制造业 TFP 理论框架，如图 5-1 所示。该框架清晰展现了数字技术赋能 TFP 的路径。图 5-1 更为直观地表明，数字技术主要通过资本赋能型技术和劳动赋能型技术嵌入生产要素体系，催生了数字化资本要素和数字化劳动要素，通过提高资本利用率和劳动生产效率，进而促进全要素生产率提高。

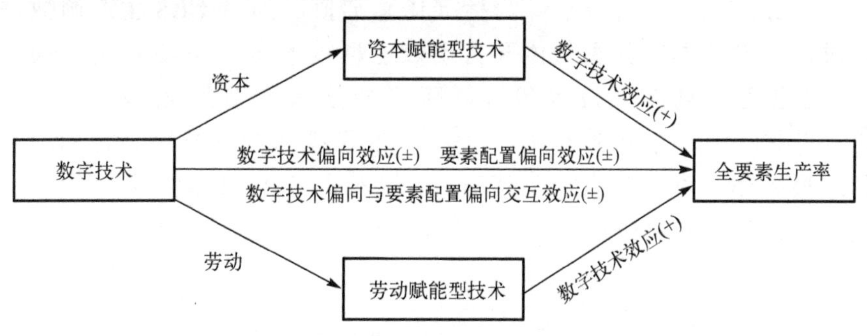

图 5-1　数字技术赋能制造业 TFP 理论框架

5.2.2　参数估计方法

TFP 增长率、数字技术偏向性指数和要素配置偏向性指数测算，必须先估计要素替代弹性和要素配置。为解决该问题， Klump 等(2007)提出了比较成熟的标准系统方法，对标准化后的 CES 生产函数、资本赋能型技术和劳动赋能型技术联立方程进行估算。CES 生产函数标准化核心思想在于采用样本数据提前估算部分参数，从而减少待估计参数，实现生产函数简化。参考陈晓玲和徐舒等(2015)、陈汝影和余东华(2019)的研究方法，我们假设市场环境处于完全竞争背景，利用生产要素边际产出之比等于生产要素价格之比恒等式，联合式 (5-2)求得式(5-8)：

$$\frac{r_t}{w_t}=\frac{\partial Y_t/\partial K_t}{\partial Y_t/\partial L_t}=\frac{\theta}{1-\theta}\left(\frac{A_{K_t}}{A_{L_t}}\right)^{\frac{(\sigma-1)}{\sigma}}\left(\frac{K_t}{L_t}\right)^{-\frac{1}{\sigma}} \tag{5-8}$$

将式(5-8)代入式(5-1)，推导出资本赋能型技术和劳动赋能型技术的表达式，见式(5-9)和式(5-10)：

$$A_{K_t}=\frac{Y_t}{K_t}\left(\frac{K_t r_t}{K_t r_t+L_t w_t}\cdot\frac{1}{\theta}\right)^{\frac{\sigma}{\sigma-1}}=\frac{Y_t}{K_t}\left(\frac{S_t}{\theta}\right)^{\frac{\sigma}{\sigma-1}} \tag{5-9}$$

$$A_{L_t}=\frac{Y_t}{L_t}\left(\frac{L_t r_t}{K_t r_t+L_t w_t}\cdot\frac{1}{1-\theta}\right)^{\frac{\sigma}{\sigma-1}}=\frac{Y_t}{L_t}\left(\frac{1-S_t}{1-\theta}\right)^{\frac{\sigma}{\sigma-1}} \tag{5-10}$$

式(5-8)～式(5-10)中，r_t与 w_t 分别代表资本报酬率与劳动报酬率，S_t 代表资本要素收入占产出的比例，即资本报酬份额。

将带有资本赋能型技术和劳动赋能型技术的 CES 生产函数在基期内进行标准化，以 Y_0、K_0、L_0、t_0、r_0、w_0 为标准化基准值。当对 CES 生产函数进行参数估计时，假设资本赋能型技术和劳动赋能型技术为 Box-Cox 型(Box 等，1964)，设定资本赋能型技术和劳动赋能型技术分别为 $A_{K_t}=\mathrm{e}^{\gamma_K(t-t_0)}$ 和 $A_{L_t}=\mathrm{e}^{\gamma_L(t-t_0)}$。其中，$\gamma_K$、$\gamma_L$ 分别为 A_{K_t}、A_{L_t} 在标准系统内的增长率。将标准化基准点上利润最大化一阶条件表达式整理后，代入式(5-1)可得标准化后 CES 生产函数表达式，见式(5-11)：

$$Y_t=Y_0\left(\theta_0\left(A_{K_t}\frac{K_t}{K_0}\right)^{\frac{(\sigma-1)}{\sigma}}+(1-\theta_0)\left(A_{L_t}\frac{L_t}{L_0}\right)^{\frac{(\sigma-1)}{\sigma}}\right)^{\frac{\sigma}{\sigma-1}} \tag{5-11}$$

式(5-11)中，θ_0 为标准化基准点上资本要素收入份额，表达式见式(5-12)：

$$\theta_0=\frac{K_0 r_0}{K_0 r_0+L_0 w_0} \tag{5-12}$$

由于 CES 生产函数呈现非线性函数关系，产出标准化系统中基础值 Y_0 和要素标准化值 K_0、L_0 之间存在不确定性。引入规模因子 δ，将标准化基准点值重新定义为 $Y_0=\delta\overline{Y}$、$K_0=\overline{K}$、$L_0=\overline{L}$、$\theta_0=\overline{\theta}$、$t_0=\overline{t}$。重新定义后标准化基准点代入式（5-11），并取对数，整理可得经过标准化处理过的 CES 生产函数表达式，见式(5-13)：

$$\ln\left(\frac{Y_t}{\overline{Y}}\right)=\ln(\delta)+\frac{\sigma}{\sigma-1}\ln\left(\overline{\theta}\left(\frac{e^{\gamma_K(t-\overline{t})}K_t}{\overline{K}}\right)^{\frac{(\sigma-1)}{\sigma}}+(1-\overline{\theta})\left(\frac{e^{\gamma_L(t-\overline{t})}L_t}{\overline{L}}\right)^{\frac{(\sigma-1)}{\sigma}}\right) \tag{5-13}$$

在完全竞争市场的假设条件下，通过式(5-13)推导出资本要素和劳动要素需求函数，见式(5-14)和式(5-15)：

$$\ln(r_t)=\ln\left(\frac{\overline{\theta}\delta\overline{Y}}{\overline{K}}\right)+\frac{1}{\sigma}\ln\left(\frac{Y_t/(\delta\overline{Y})}{K_t/\overline{K}}\right)+\frac{\sigma-1}{\sigma}\gamma_K(t-\overline{t}) \tag{5-14}$$

$$\ln(w_t)=\ln\left(\frac{(1-\overline{\theta})\delta\overline{Y}}{\overline{L}}\right)+\frac{1}{\sigma}\ln\left(\frac{Y_t/(\delta\overline{Y})}{L_t/\overline{L}}\right)+\frac{\sigma-1}{\sigma}\gamma_L(t-\overline{t}) \tag{5-15}$$

将式(5-13)～式(5-15)纳入统一标准化供给面系统，联立非线性方程组估计相应参数。

5.2.3　变量设定及数据说明

5.2.3.1　变量设定

本章采用制造业细分行业面板数据，样本区间设定为 1990—2018 年，充分考虑数据的可获得性和准确性，统一采用规模以上工业企业数据。由于不同时期统计口径有所差别，制造业二位数代码分类标准又调整过两次，为保证数据前后一致性，对部分数据采取合并和剔除处理。将 1990—2011 年橡胶制品业、塑料制品业两个行业数据合并为橡胶和塑料制品业；将 2012—2016 年汽车制造业及铁路、船舶、航空航天和其他运输设备合并为交通运输设备制造业；剔除掉其他制造业(废弃资源综合利用业、金属制品、机械和设备修理业三个行业)数据；将 2012—2016 年文教、工美、体育和娱乐用品制造业中工艺美术品制造业小项剔除。经过合并和剔除后，样本数据包括 27 个制造业细分行业，行业名称和行业代码均采用国民经济行业分类标准(GB/T 4754—2017)，其中合并后的交通运输设备制造业名称和代码采用国民经济行业分类标准(GB/T 4754—2002)[①]。参考李荣林和姜茜(2010)的划分标准，将 27 个制造业细分行业划分为劳动密集型行业和资本密集型行业，其中劳动密集型行业 15 个，代码分别是 13、14、15、16、17、18、19、20、21、22、23、24、29、30、33；资本密集型行业 12 个，代码分别是 25、26、27、28、31、32、34、35、37、38、39、40。

(1) 实际总产出 $\ln\left(\frac{Y_t}{\bar{Y}}\right)=\ln(\delta)+\frac{\sigma}{\sigma-1}\ln\left(\bar{\theta}\left(\frac{e^{\gamma_K(t-\bar{t})}K_t}{\bar{K}}\right)^{\frac{(\sigma-1)}{\sigma}}+(1-\bar{\theta})\left(\frac{e^{\gamma_L(t-\bar{t})}L_t}{\bar{L}}\right)^{\frac{(\sigma-1)}{\sigma}}\right)$，用工业增加值表示(其中，e 是自然对数函数的底数)。由于 2007 年后中国官方不再公布工业增加值数据，因此对于 2007 年以后的数据，我们利用官方公布的工业增加值增长率，经过间接计算得到工业增加值。利用工业品出厂价格指数进行平减处理，平减基期 1990 年。

(2) 资本存量 $\ln(r_t)=\ln\left(\frac{\bar{\theta}\delta\bar{Y}}{\bar{K}}\right)+\frac{1}{\sigma}\ln\left(\frac{Y_t/(\delta\bar{Y})}{K_t/\bar{K}}\right)+\frac{\sigma-1}{\sigma}\gamma_K(t-\bar{t})$，采用永续盘存法得到。参考张军和吴桂英等人(2004)的计算方法，具体内容为：1990 年年初始资本存量采用当年固定资产原值，投资流量采用固定资产原值差分值，折旧率采用本年折旧与上年固定资产比值。利用固定资产投资价格指数进行平减处理，平减基期 1990 年。

(3) 劳动要素 $\ln(w_t)=\ln\left(\frac{(1-\bar{\theta})\delta\bar{Y}}{\bar{L}}\right)+\frac{1}{\sigma}\ln\left(\frac{Y_t/(\delta\bar{Y})}{L_t/\bar{L}}\right)+\frac{\sigma-1}{\sigma}\gamma_L(t-\bar{t})$，用制造业 27 个细分行业平均工人数表示。

(4) 劳动报酬率 w 用制造业 27 个细分行业城镇单位就业人员平均工资加上社会保险和住房基金表示。为保证前后统计量具有可比性，利用居民消费价格指数进行平减处理，平减基期 1990 年。

(5) 资本报酬率 r 在完全竞争市场假设条件下，为保证资本报酬和劳动报酬之和等于总产出，我们采用总产出减去劳动报酬之差除以资本存量作为资本报酬率，具体表述为：(工业增加值-劳动报酬)/资本存量。

---

① 行业代码与行业名称：13 农副食品加工业；14 食品制造业；15 饮料制造业；16 烟草制品业；17 纺织业；18 纺织服装、鞋、帽制造业；19 皮革、皮毛、羽毛(绒)及其制品业；20 木材加工及木、竹、藤、棕、草制品业；21 家具制造业；22 造纸和纸制品业；23 印刷和记录媒介的复制；24 文教、体育用品制造业；25 石油加工、炼焦及核燃料加工业；26 化学原料及化学制品制造业；27 医药制造业；28 化学纤维制造业；29 橡胶制品业；30 塑料制品业；31 非金属矿物制品业；32 黑色金属冶炼及压延加工业；33 有色金属冶炼和压延加工业；34 金属制品业；35 通用设备制造业；36 专用设备制造业；37 交通运输设备制造业；39 电气机械及器材制造业；40 通信设备、计算机及其他电子设备制造业；41 仪器仪表及文化、办公用机械制造业。

5.2.3.2　数据说明

本章数据来源于《中国统计年鉴》《中国工业统计年鉴》《中国劳动统计年鉴》《中国固定资产投资统计年鉴》《中国价格统计年鉴》《中国价格及城镇居民家庭收支调查统计年鉴》《中国城市(镇)生活与价格年鉴》《中国国内生产总值核算历史资料(1952—1995)》及中国国家统计局网站。部分变量通过 EPS 数据库和国研网数据平台下载，变量描述性统计如表 5-1 所示。

表 5-1　变量描述性统计

行业	变量	变量定义	均值	标准差	最小值	最大值	单位
劳动密集型行业	Y	工业增加值	684.628	1420.834	10.455	13869.99	亿元
	L	平均工人数	77.229	76.224	2.667	626.333	万人
	w	劳动报酬率	0.994	1.002	0.075	7.707	万元/人
	K	资本存量	696.488	952.788	13.497	7036.436	亿元
	r	资本报酬率	0.234	0.213	0.011	1.503	—
资本密集型行业	Y	工业增加值	2053.885	4262.502	31.3652	41609.96	亿元
	L	平均工人数	115.843	114.336	4.378	932.152	万人
	w	劳动报酬率	2.981	3.008	0.224	23.120	万元/人
	K	资本存量	2089.464	2858.364	40.490	21109.31	亿元
	r	资本报酬率	0.703	0.638	0.034	4.508	—

5.3　实 证 分 析

5.3.1　参数估计分析

依据式(5-13)～式(5-15)，采用广义非线性最小二乘法(FGNLS)对 CES 生产函数相关参数进行标准化系统估计,估计范围包括制造业细分行业所有样本、劳动密集型行业和资本密集型行业，参数估计结果如表 5-2 所示。

规模因子δ估值均在 0.883～0.919，且接近于理论值 1，说明中国制造业细分行业生产并非规模报酬不变，而是非常近似规模报酬不变。制造业细分行业所有样本替代弹性为 0.763，小于 1，说明中国制造业数字化背景下资本要素与劳动要素之间是互补关系并非替代关系，这一结论与 Teece(2018)等的观点一致。针对劳动密集型行业和资本密集型行业分别估计，发现替代弹性存在相反关系。针对劳动密集型行业，数字化资本和数字化劳动之间是替代关系；针对资本密集型行业，数字化资本和数字化劳动之间是互补关系。这一结论说明数字技术是实现智能化转型升级过程中的一项应用型技术，数字技术嵌入对劳动具有一定替代性，这一结果与Acemoglu(2018)的观点相吻合。数字技术的应用提高了劳动产出效率，降低了市场劳动份额，导致市场部分劳动力失业。劳动赋能型技术增长率普遍大于资本赋能型技术增长率，说明中国制造业“人口红利”和“技术红利”双重效应叠加，驱动“人口红利”向“人才红利”加速转变。

表 5-2 参数估计结果

参数	参数含义	所有样本	劳动密集型行业	资本密集型行业
δ	规模因子	0.895** (0.003)	0.883*** (0.011)	0.919*** (0.013)
σ	要素替代弹性	0.763*** (0.012)	1.185*** (0.009)	0.789*** (0.004)
γ_K	资本赋能型技术增长率	0.022*** (0.015)	0.016* (0.020)	0.025*** (0.005)
γ_L	劳动赋能型技术增长率	0.028** (0.018)	0.037*** (0.010)	0.037*** (0.012)
P – value	—	0.679	0.714	0.745
样本量	—	810	450	360
要素替代关系	—	互补关系	替代关系	互补关系
数字技术偏向	—	资本偏向型	劳动偏向型	资本偏向型

注：*、**、***分别代表在10%、5%、1%的置信水平上显著，括号内为标准误。

5.3.2 全要素生产率增长率分解

采用式(5-3)和式(5-4)计算数字技术偏向性指数和要素配置偏向性指数，采用式(5-9)和式(5-10)计算资本赋能型技术和劳动赋能型技术数值，代入式(5-7)得到TFP增长率，全要素生产率增长率分解情况及偏向性分析如表5-3所示。

表 5-3 全要素生产率增长率分解情况及偏向性分析

年份	A_K	A_L	DTEE	DTBE	FABE	ETFA	$\widehat{TFP}$	数字技术方向	资源配置方向
1990	0.050	0.022	—	—	—	—	—	—	—
1991	0.054	0.032	0.007	−0.059	−0.033	0.048	−0.038	偏向劳动	偏向劳动
1992	0.064	0.046	0.010	−0.064	−0.021	0.034	−0.042	偏向劳动	偏向劳动
1994	0.089	0.082	0.012	−0.072	−0.046	0.043	−0.063	偏向劳动	偏向劳动
1996	0.152	0.108	0.014	−0.059	−0.023	0.052	−0.016	偏向劳动	偏向劳动
1998	0.227	0.137	0.017	−0.081	−0.043	0.053	−0.054	偏向劳动	偏向劳动
2000	0.302	0.179	0.021	−0.016	−0.014	−0.015	−0.024	偏向劳动	偏向劳动
2002	0.425	0.212	0.029	0.012	0.019	−0.030	0.029	偏向资本	偏向资本
2004	0.552	0.438	0.041	0.034	0.033	−0.036	0.072	偏向资本	偏向资本
2006	0.773	0.718	0.054	0.036	0.040	−0.051	0.079	偏向资本	偏向资本

（续表）

年份	A_K	A_L	DTEE	DTBE	FABE	ETFA	$\widehat{TFP}$	数字技术方向	资源配置方向
2008	0.692	0.778	−0.085	0.041	0.047	−0.068	−0.065	偏向资本	偏向资本
2010	0.719	0.890	−0.011	0.046	0.046	−0.054	0.027	偏向资本	偏向资本
2012	0.813	1.103	0.045	0.056	0.044	−0.056	0.090	偏向资本	偏向资本
2014	1.010	1.427	0.119	0.064	0.045	−0.047	0.180	偏向资本	偏向资本
2016	1.463	1.725	0.149	0.068	0.055	−0.046	0.225	偏向资本	偏向资本
2018	1.715	1.914	0.168	0.076	0.041	−0.036	0.249	偏向资本	偏向资本
均值	0.860	0.973	0.041	0.010	0.014	−0.017	0.049	偏向资本	偏向资本

注：数字技术增长效应为资本赋能型技术效应与劳动赋能型技术效应之和，以 1990 年为基准年。鉴于篇幅，隔年汇报。

(1)经样本区间测算，中国制造业细分行业 TFP 年增长率为 4.9%，其中数字技术增长效应(DTEE)、数字技术偏向效应(DTBE)、要素配置偏向效应(FABE)、数字技术偏向与要素配置偏向交互效应(DTFA)的贡献度分别为 4.1%、1.0%、1.4%、−1.7%。数字技术增长效应贡献度最大，其次是要素配置偏向效应和数字技术偏向效应，而数字技术偏向与要素配置偏向交互效应出现负值，表明其对 TFP 增长具有抑制作用。此外，中国制造业 TFP 增长率分解效应整体呈逐年递增态势，尤其 2000 年以后增长速度明显加快。

(2)偏向性结果显示，目前中国制造业数字技术和要素配置均偏向于资本要素，与表 5-2 结论一致。由于生产要素禀赋不同，同样资金投入条件下资本赋能型技术产出效率高于劳动赋能型技术产出效率，导致技术红利分配失衡。随着新基建投资规模的不断扩大，数字技术与实体经济深度融合条件越来越成熟，融合深度和广度不断增加，制造业生产过程中数字化程度越来越高，数字技术势必向资本倾斜，这是因为数字基础设施也是资本的一种形式。

(3)制造业 TFP 增长率分解效应显示，数字技术增长效应始终为正值，并逐渐增大，说明数字技术对 TFP 增长的影响始终为促进，并且所占比例越来越大；数字技术偏向效应由负值逐渐转为正值，说明数字技术偏向效应对 TFP 增长影响已由初期的抑制演化为促进；要素配置偏向效应指标也由负值逐渐变为正值，说明要素配置偏向效应对全要素生产率的影响正在转变，由刚开始的抑制逐渐演变为促进；但数字技术偏向与要素配置偏向交互效应由正值逐渐变为负值并呈倒 U 形特征，表明数字技术与要素配置交互项对 TFP 增长影响已由促进逐渐演变为抑制，并有减弱趋势，这主要是因为外部政策刺激和环境变化。

5.3.3 稳健性检验

稳健性检验主要是为验证上述结论的稳健性，通过不同的方法或模型重新进行检验，判断所研究结论是否具有一致性。本节根据研究主体的实际情况，采用多元回归模型作为稳健性检验的工具。其中，作为因变量的制造业 TFP 增长率采用 DEA-Malmquist 指数测度得到，其余自变量由本章估计得到。参考传统计量模型，构建具体多元回归模型，见式(5-16)：

$$\mathrm{gtfp}_{it} = \alpha + \beta_1 \mathrm{ak}_{it} + \beta_2 \mathrm{al}_{it} + \beta_3 h_{it} + \beta_4 s_{it} + \beta_4 \mathrm{hs}_{it} + \mu_{it} \tag{5-16}$$

式(5-16)中，gtfp_{it} 为全要素生产率增长率；ak_{it} 为资本赋能型技术效应；al_{it} 为劳动赋能型技术效应；h_{it} 为数字技术偏向效应；s_{it} 为要素配置偏向效应；hs_{it} 为数字技术偏向与要素配置偏向交互效应；μ_{it} 为误差。

为进一步检验各变量间是否存在高度相关性，采用方差膨胀因子法(Variance Inflation Factor，VIF)提前对样本数据进行多重共线性检验，多重共线性检验如表 5-4 所示。

表 5-4 多重共线性检验

变量	gtfp	ak	al	*h*	*s*	hs
VIF	1.63	1.04	1.22	4.41	4.47	3.00
1/VIF	0.6138	0.9584	0.8225	0.2268	0.2239	0.3334

根据 VIF 方法检验标准，VIF 越大，一般认为所检验变量之间多重共线性问题越严重。表 5-4 显示，各变量之间膨胀因子值均远小于 10，最大 VIF 值为 4.47，由此判断变量之间不存在严重的多重共线性问题。经过 Hausman 检验，采用固定效应模型对各参数进行估计，回归分析结果如表 5-5 所示。

表 5-5 回归分析结果

变量	所有样本		劳动密集型行业		资本密集型行业	
	模型 1	模型 2	模型 3	模型 4	模型 5	模型 6
ak	—	0.397*** (4.523)	—	0.359** (2.341)	—	0.295*** (4.823)
al	—	0.362*** (1.863)	—	0.225*** (5.835)	—	0.345*** (2.952)
h	0.129*** (9.437)	0.295*** (10.533)	0.217** (2.124)	0.283*** (4.518)	0.274*** (4.431)	0.228*** (3.513)
s	0.202*** (6.472)	0.315*** (9.648)	0.271*** (7.262)	0.315*** (9.648)	0.178*** (4.623)	0.298*** (3.523)

（续表）

变量	所有样本		劳动密集型行业		资本密集型行业	
	模型 1	模型 2	模型 3	模型 4	模型 5	模型 6
hs	−0.276*** (8.451)	−0.146*** (7.573)	−0.111*** (7.422)	−0.081*** (8.533)	−0.124*** (8.244)	−0.193*** (9.143)
Con	1.113*** (4.634)	1.126*** (3.728)	1.133*** (6.412)	1.096*** (7.313)	0.845*** (4.525)	0.537*** (5.631)
控制变量	控制	控制	控制	控制	控制	控制
R^2	0.801	0.713	0.778	0.682	0.794	0.843
样本数	810	810	450	450	360	360

模型 2、模型 4 和模型 6 中加入资本赋能型技术效应和劳动赋能型技术效应，结果表明所有变量回归系数均在 1%或 5%的水平上显著，具有统计学意义。具体来看，数字技术增长效应、数字技术偏向效应和要素配置偏向效应对制造业 TFP 增长均具有显著促进作用，而数字技术偏向与要素配置偏向交互效应却具有相反作用，在一定程度上抑制了制造业 TFP 增长，这与前文参数估计结论一致。数字技术增长效应对制造业 TFP 增长影响最大，要素配置偏向效应和数字技术偏向效应次之。稳健性检验结果验证了前文制造业 TFP 增长率分解公式的学性，证明了数字技术赋能制造业 TFP 增长路径的合理性。

5.4　优化路径

基于实证结论，本节提出以下优化路径，以期增加数字技术与实体经济深度融合的广度，增强数字技术赋能效应。

(1)数字技术赋能制造业 TFP 增长在不同类型行业间存在较大差别，因此不同产业政策不能一刀切。针对劳动密集型行业和资本密集型行业，数字技术偏向性与要素替代关系有所不同。对于劳动密集型行业，应该积极实施数字产业人才培养和专业学科建设，培养满足数字革命需求的复合型人才和新生代产业大军，而资本密集型行业应该重点加大高端人才培养和引进力度。此外，加大数字革命背景下的人才培养力度，提高数字经济时代人才整体素质，能够避免数字技术嵌入对劳动收入份额产生的不利影响。

(2)数字技术是制造业 TFP 增长的新引擎和动力源泉。把握新一轮科技革命和产业变革更替的规律，有助于充分利用大数据、人工智能和区块链等数字技术，提高制造业全要素生产率。针对关键领域核心技术，应该增强研发投入，攻克技术难关。推动数字技术与制造业深度融合，是促进制造业技术创新，驱动制造业高质量发展进阶的重要手段。应加快培育壮大 5G 网络、工业数字经济、工业互联网和智能制造新产业、新业态和新模式，引导制造企业内网改造升级，实现“人—机—物”智联智通，不断优化数字技术赋能信息网络环境。此外，需加强新一代数字技术基础理论研究，努力在数字革命背景下提出原创性技术并赢得国际话语权，促进制造业产业链不断向高阶演化。

(3) 制造业 TFP 增长率除了受数字技术赋能效应影响，还受到数字技术与要素配置偏向等影响。数字技术和要素配置错配将导致资源浪费和抑制制造业 TFP 增长。因此，政府应该面向不同行业，充分考虑要素禀赋，制定合理的技术红利分配机制。例如，可培育发展共享制造平台，运用共享理念，将数字技术和要素资源弹性匹配给需求方；可设立数字技术研发扶持基金，对研发能力比较弱的制造业企业进行定向扶持，提升数字技术与传统要素深度融合的互补式和组合式创新效率，通过再次分配技术红利，激发小微企业的创新活力。

5.5 本章小结

本章紧扣数字技术重构生产要素体系特征，扩展数字技术为生产要素型赋能技术，将其分为资本赋能型技术和劳动赋能型技术，进一步将其引入 CES 生产函数推演 TFP 增长公式，同时运用我国制造业细分行业面板数据，从理论和实证两个层面扩展数字技术赋能理论和赋能路径。

(1) 从理论层面，推演出数字技术通过资本型赋能技术和劳动型赋能技术两条路径进入生产过程，并与传统生产要素形成相互赋能系统，直接提高 TFP 增长。数字技术具有超强融合性和自生长性，能够依附于传统生产要素，重构生产要素体系，最终形成新生产要素体系，即数字生产要素体系。

(2) 从实证层面，识别出数字技术增长、要素配置偏向和数字技术偏向是 TFP 增长源泉，其贡献度依次递减；数字技术与要素配置错配抑制了 TFP 增长，中国制造业 TFP 年增长率为 4.9%(数字技术贡献为 4.1%)，数字技术和要素配置均偏向于资本，数字化资本与数字化劳动是互补关系，并未出现替代现象。

第6章

提升工业大数据赋能制造业高质量发展的对策建议

前述各章通过“文献归纳—理论梳理—案例导入—机理解析—实证检验”递进研究，构建了工业大数据赋能制造业高质量发展的理论框架。为实现工业大数据精准赋能，提高工业大数据赋能效率，本章在前述理论及实证研究的基础上，提出工业大数据赋能制造业高质量发展的分类路径及相关对策建议。

6.1 分类路径

6.1.1 类型划分

根据第2章制造业高质量发展水平测度和第4章工业大数据发展指数测度，结合实证分析发现，不同省份之间制造业高质量发展水平和工业大数据发展指数差异显著，不同赋能范式之间赋能路径不尽相同。鉴于此，工业大数据赋能制造业高质量发展的对策建议更应该突出针对性，强调因地施策和精准赋能，拒绝一刀切的策略。本章分别以省际工业大数据发展指数和制造业高质量发展水平为依据，按排序位次对中国各省份进行类别划分，按省际工业大数据发展指数类别和制造业高质量发展水平类别匹配情况将中国各省份划分为匹配和不匹配两类。具体划分步骤为：①分别依据省际工业大数据发展指数均值和制造业高质量发展水平均值从高到低对中国各省份进行排序；②依据排序位次，将中国各省份按照 7/8/8/7 比例进行划分，得到 A、B、C、D 四个等级，等级 A 和等级 B 归为高级类别，等级 C 和等级 D 归为低级类别；③将中国各省份的工业大数据发展指数类别和制造业高质量发展水平类别进行对比，查看是否匹配。具体类别划分与匹配结果如表 6-1 所示。

表 6-1　中国各省份类别划分与匹配情况

省份	工业大数据发展指数				制造业高质量发展水平				类别匹配
	均值	排名	等级	类别	均值	排名	等级	类别	
北　京	0.513	2	A	高级	0.487	6	A	高级	是
天　津	0.472	3	A	高级	0.480	7	A	高级	是
河　北	0.320	13	B	高级	0.428	15	B	高级	是
山　西	0.343	8	B	高级	0.383	21	C	低级	否
内蒙古	0.288	18	C	低级	0.379	24	D	低级	是
辽　宁	0.321	12	B	高级	0.437	12	B	高级	是
吉　林	0.269	23	C	低级	0.455	9	B	高级	否
黑龙江	0.320	14	B	高级	0.488	5	A	高级	是
上　海	0.554	1	A	高级	0.583	1	A	高级	是
江　苏	0.444	5	A	高级	0.527	2	A	高级	是
浙　江	0.416	7	A	高级	0.499	4	A	高级	是
安　徽	0.281	20	C	低级	0.432	14	B	高级	否
福　建	0.324	11	B	高级	0.433	13	B	高级	是
江　西	0.267	25	D	低级	0.409	17	C	低级	是
山　东	0.425	6	A	高级	0.517	3	A	高级	是
河　南	0.296	16	C	低级	0.452	10	B	高级	否
湖　北	0.340	9	B	高级	0.438	11	B	高级	是
湖　南	0.327	10	B	高级	0.424	16	C	低级	否
广　东	0.445	4	A	高级	0.479	8	B	高级	是
广　西	0.270	22	C	低级	0.381	22	C	低级	是
海　南	0.309	15	B	高级	0.408	19	C	低级	否
重　庆	0.294	17	C	低级	0.384	20	C	低级	是
四　川	0.272	21	C	低级	0.349	27	D	低级	是
贵　州	0.268	24	D	低级	0.381	23	C	低级	是
云　南	0.224	27	D	低级	0.341	28	D	低级	是
陕　西	0.286	19	C	低级	0.409	18	C	低级	是
甘　肃	0.261	26	D	低级	0.367	26	D	低级	是
青　海	0.211	29	D	低级	0.372	25	D	低级	是
宁　夏	0.224	28	D	低级	0.328	29	D	低级	是
新　疆	0.209	30	D	低级	0.277	30	D	低级	是

注：工业大数据发展指数数据来源于第 5 章；制造业高质量发展水平数据来源于第 3 章；省份类别划分标准，A 为 1～7，B 为 8～15，C 为 16～23，D 为 24～30。

根据表 6-1 中类别划分与匹配结果，将中国各省份划分为 4 种类型：领先型、落后型、偏向型Ⅰ和偏向型Ⅱ。

第一类，领先型。工业大数据发展指数和制造业高质量发展水平同为高级，主要包括北京、天津、河北、辽宁、黑龙江、上海、江苏、浙江、福建、山东、湖北和广东。这类省份无论是工业大数据发展指数还是制造业高质量发展水平均处于高级水平，两者类别匹配，充分说明此类省份具有良好的数字基础设施和强大的制造业产业。

第二类，落后型。工业大数据发展指数和制造业高质量发展水平同为低级，主要包括内蒙古、江西、广西、重庆、四川、贵州、云南、陕西、甘肃、青海、宁夏和新疆。这类省份无论是工业大数据发展指数还是制造业高质量发展水平均处于低级水平，两者类别匹配，充分说明此类省份的数字基础设施和制造业产业相对于国内其他地区比较匮乏，区域资源优势并未得到充分利用。

第三类，偏向型Ⅰ。工业大数据发展指数类别为高级，而制造业高质量发展水平类别为低级，主要包括山西、湖南和海南 3 个省份。这类属于一强一弱型，工业大数据发展指数相对于制造业高质量发展水平高一个级别，应重点关注传统制造业数字化转型升级。

第四类，偏向型Ⅱ。工业大数据发展指数类别为低级，而制造业高质量发展水平类别为高级，主要包括吉林、安徽和河南 3 个省份。这类同样属于一强一弱型，但工业大数据发展指数相对于制造业高质量发展水平低一个级别，应重点关注工业大数据基础设施建设。

上述类型划分主要用于定性分析，以便根据不同省份之间的典型区分特征，选取不同对策建议。由类型划分结果可知，大部分省份属于第一类和第二类，第三类和第四类分别只有 3 个省份，说明中国大部分省份制定对策建议仍然具有相互借鉴的意义，仅少数地区需要具体情况具体分析。上述类型划分为下文对策选择提供了参考依据，可以使政府部门更为直观地了解区域政策差异，提高政策制定的针对性和政策实施的效能。

6.1.2　路径选择

依据上一节中国各省份类型划分，本节提出工业大数据赋能制造业高质量发展的差异化路径。

(1) 对标发达国家制造业水平，力争制造价值链高端化突破。主要适用于第一类省份，此类省份无论是工业大数据发展还是制造业高质量发展均具有领先优势，但相对于发达国家和地区仍存在一定差距，应重点加大数字新基建投资力度，努力在工业数字经济、工业互联网和智能制造方面进行突破性创新。力争用5～10年使制造业高质量发展水平达到甚至局部超越国际发达国家和地区的水平，在国际制造业竞争中赢得话语权。

(2) 对标国内制造强省，建立制造业互补或差异化竞争优势。主要适用于第二类省份，此类省份在工业大数据发展基础和制造业高质量发展基础两个方面都处于弱势，应关注数字化基础设施的投资，从与制造强省产业互补和差异化竞争两个视角，确定制造业发展的重点领域，加大重点领域工业数字经济、工业互联网和智能制造方面的投资力度。力争用5～10年，缩小与国内制造强省的差距，提升中国制造业整体实力水平。

(3) 从制造业转型升级端出发，探索与工业大数据相匹配的制造生产模式。主要适用于第三类省份，此类省份工业大数据发展基础优于制造业高质量发展基础，应着力发挥工业大数据赋能作用，推进传统制造业数字化转型升级。努力在本地区具有优势的制造业细分行业中培育新动能，充分利用好龙头企业的带头作用，抓住数字革命浪潮带来的机遇。力争用5～10年，发展为国内制造大省和制造强省。

(4) 从工业大数据数字基础端出发，构建与制造业发展水平相匹配的数字新基建。主要适用于第四类省份，此类省份制造业高质量发展基础优于工业大数据发展基础，应该重点关注工业大数据数字基础设施。努力在数字产业领域培养新动能，充分利用好本地区优势产业，从其他省/市引入龙头数字化企业，带动本省传统产业实现数字化升级，加速推进传统产业数字化进程。

6.2 对策建议

本节沿着“基础能力—数字化转型—基础性制度—保障和监管”的逻辑展开，提出关于充分发挥工业大数据的数据要素和数字技术双重赋能作用，提高中国制造业高质量发展水平的对策建议。

6.2.1 夯实制造业数字基础设施，提升供应链基础能力

坚持需求牵引、协同推进，加快5G、工业互联网、人工智能和智能制造等数字化基础设施建设，为制造业数字化发展提供了基础能力保障。

(1) 加快推动制造业企业网络与工业互联网融合发展，实现“人—机—物”

全面互联互通。提倡在工业互联网标识解析国家顶级节点基础上，依托中国信通院各地分院，大力投资工业互联网标识二级节点基础设施建设，为工业互联网与企业网络融合提供稳定的标识编码注册和标识解析服务，保障制造企业内部工业互联网的顺利搭建和运行。鼓励制造业龙头企业、科研机构、通信企业联合建设迭代升级、可循环、自动优化的工业互联网平台，开展人工智能、边缘计算等新一代数字技术的研发及应用研究，带动全国各省制造企业上网、上云，拓展工业互联网应用的广度和深度。

(2) 加快推动工业大数据技术及应用发展，实现制造业全链智联。推动互联网企业和软件企业与科研机构联合攻关，在工业互联网的基础上，深入挖掘工业大数据作为生产要素的潜力，构建包括数据全生命周期在内的一体化共性技术服务体系，研发与之相适应的新型工业软件，主要用于支撑制造业全要素、全产业链、全价值链的自动连接、自动监测、自动优化，通过实现制造智能系统，驱使制造业生产模式和运作体系进行智能化升级。

(3) 加快推动数字产业发展，实现产业基础能力的全面提升。充分发挥我国数字产业人才培养优势，整合工业大数据、人工智能、机器人、5G 等优势企业资源，推动数字产业健康茁壮发展。通过研发创新突破关键核心技术，提升数字创新链上下游协同水平。以示范行业、示范企业、示范区域为核心，打造数字产业集群和数字基础设施集群，为工业数字经济的培育和壮大提供可靠的产业基础能力保障。

6.2.2　加快制造业数字革新进度，提升产业链运行效率

突出工业大数据的“数据要素+数字技术”协同组合赋能范式优势，协同推进数字产业化和产业数字化转型。以数据要素为驱动，以数字技术为支撑，加快制造业“数字化、智能化、网络化、服务化、个性化”五化转型，促进制造产业体系现代化。工业是立国之本，制造业是工业之重，通过探索高质量发展模式，将制造产业链的技术短板消除，提升产业链体系能级和价值链层级。以现代制造业体系支撑现代化经济体系，是新时代中国制造业发展的核心要义。

(1) 加快推进制造企业数字技术应用，打通工业互联网末梢循环。选择领先型省份优势企业或重点领域开展典型示范，如新材料、新能源和智能制造等。实施企业数字化和工业互联网入网工程，开展企业生产装备的数字化升级和生产运营的数字化应用，打通企业神经末梢，以数据驱动企业业务运作和智能决策。通过开展 5G 与工业互联网应用示范，形成可复制、可推广的模式，带动中国各省份制造业企业实现全面数字化转型。

(2)加快推进制造行业整体数字化转型，打造区域制造业数字化集群。推动政、产、研、学、用协同，制定制造业重点领域的数字化转型方案，加快产业基础设施的数字化改造和工业互联网平台的研发，打破数据孤岛，实现产业链全链数据集成共享和按需使用。发挥工业互联网全面互联互通和智联智通的核心优势，提升资源配置效率和全要素生产率，提倡制造业领域开展网络化协同、智能制造、服务型制造等新模式试点，培育壮大区域制造业数字化集群，为制造业高质量发展的新动能添砖加瓦。

(3)加快改造和提升传统制造业。以生产模式升级和生产要素升级为两大抓手，持续加大企业技术改造力度，提升信息化和智能化应用的广度及深度，全面提高制造企业运营的效率，创新企业发展模式。整合行业内资源，加强产业链集成力度，保证碳排放双控达标。探索与新兴产业的合作方式，实施制造企业业务流程重组、业务外包、供应链合作等。大力发展准时生产、柔性生产、精益生产、大规模定制等现代生产方式，增强传统制造业企业对市场的反应能力。

(4)加强制造领域数字创新力度，提升制造业国际竞争能力。构建国家数字创新生态系统，加快建立以数字创新和数字平台为中心的创新体系，以公共服务平台和工程数据中心为重要支撑的制造业创新网络。加强关键核心技术研发，强化企业技术创新主体地位，支持企业提升创新能力。推进国家科技成果产业化，完善科技成果转化运行机制，建立完善科技成果信息发布和共享平台，健全以技术交易市场为核心的技术转移和产业化服务体系。密切关注大中型制造企业与大型商业企业的利益关系，促进大中型工商企业联合，通过自建营销网络、并购国外营销网络等方式开展自主营销。发展具有影响力、控制力的现代国际网络营销体系，推动生产加工环节与品牌营销等环节融合，促进价值链环节的上移，打造“中国制造”和“中国服务”品牌。大力应用数字技术促进营销网络体系的建设和完善，全方位开拓国际市场和培育国际核心竞争力。

6.2.3 健全数据要素基础性制度，培育壮大数据要素市场

健全数据要素产权保护、安全保障、公平交易等制度，提高数据要素协同治理水平。鼓励将数据资源向数据要素转换，提升数据要素存量，培育壮大数据要素市场，实现数据要素按市场供需匹配机制自由流动。充分激发数据要素潜力，实现数据价值最大化，促进工业数字经济、工业互联网和智能制造健康发展，进而驱动制造业高质量发展。

(1)完善数据要素的产权界定制度，明晰数据权属。可通过对工业领域数据资源进行分类，出台政策明晰个人数据和非个人数据的所有权、使用权、处置

权及收益权，防止数据滥用。数据各项权属界定并非一定要归属于某一个主体，也可以将数据权属同时归属于两个及以上主体；出台政策明确数据在流转—使用过程中的边界，基于区块链技术，建立数据的登记确权体系和溯源体系，完善数据资产的授权机制和管理机制。

(2) 健全数据安全管理制度，防范数据风险。建立数据分级分类标准体系，建立贯穿数据全生命周期的安全防护制度；研发防泄露、防篡改、防滥用、防盗用等区块链安全技术，制定涉及隐私数据或保密数据的数据保护制度、数据认定制度、数据审核制度和数据风险评估体系。

(3) 健全数据要素定价制度，保障交易公平。在非垄断的前提下，给予市场充分的数据定价自主权，以数据价值为核心，以供需双方匹配度为依据，形成由市场自由匹配、自由定价、自由交易的机制。制定价格反垄断制度，确保数据要素收入分配兼顾效率与公平。

(4) 设计数据要素交易机制，提高交易效率。建立国家级大数据交易所，创新数据交易撮合、数据增值服务等多种数据交易模式和交易规则。引导数据密集型制造企业和高技术产业制造企业，积极参与数据要素市场数据交易。健全市场准入管理制度和数据交易监管制度，建立政府、交易所、第三方权威机构等多元主体协同监管的机制。

6.2.4　完善保障体系和监管体系，驱动制造业高质量发展

完善“人才、资金、组织”保障体系，培养数字产业领域高端人才，政府引导社会资金自主投资，政府整合社会各界力量协同推进制造业高质量发展。强化政府监管，调控市场配置，让“有效市场”和“有为政府”相得益彰。

(1) 发挥政府协调力，保证人才供应支撑。政府协调各领域专家学者成立民间智库，提供工业大数据智力支持服务；协调制定和落实吸引工业大数据、人工智能、工业互联网等专业人才的优惠政策，为制造业数字化输送高级人才；协调产学合作定期开展高层次人才培训班，提升制造业企业管理层的数字化能力和制造业转型升级的思维模式。

(2) 发挥政府号召力，保证资金落实到位。各级政府成立专项扶持基金或投资基金，并委托专业基金管理团队管理，制定制造业数字化专项投资优惠政策，以政府小投入撬动社会大投入，引导社会资金投向制造业数字化领域，提升制造业数字化投资规模。

(3) 发挥政府整合力，构建数据产业及应用联盟。由政府主导，整合数字产业企业、制造业企业、研究机构、行业中介等，构建涵盖“政产学研金服用”

七位一体的工业大数据产业及应用联盟，面向制造业产业链上下游数据资源需求，建立跨层级、跨区域、跨行业的数据资源共享机制，推动工业大数据的要素价值最大化。

(4)落实政府监管主体责任，构建工业大数据治理体系。促进工业大数据平台健康发展，防范垄断阻碍效率提升、妨碍公平竞争、侵犯所有者权益，探索以政府为主导，平台、企业、行业中介等多元主体参与的协同监管模式；引入工业互联网、区块链、人工智能等数字技术，实施工业大数据分布式治理，构建数据驱动智慧型主动监管体系，实现工业大数据平台全程、实时和预防式监管，构建“行业精准适配—全域多元协同—全程智慧决策”的数字治理体系。

6.3 本章小结

本章主要在工业大数据赋能理论及实证研究的基础上，提出工业大数据赋能制造业高质量发展的分类路径及相关对策建议。

(1)以省际工业大数据发展指数和制造业高质量发展水平为类型划分依据，将中国30个省份划分为四大类：领先型、落后型、偏向型Ⅰ和偏向型Ⅱ，并为不同类型的省份设计了相应的发展路径。

(2)分别从制造业数字化基础设施、数字化转型、数据要素基础性制度、保障和监管体系四个方面，提出了充分发挥工业大数据的数据要素和数字技术双重赋能作用，提高中国制造业高质量发展水平的对策建议。

参考文献

[1] ACAR O A, PUNTONI S. Customer empowerment in the digital age[J]. Journal of advertising research, 2016, 56(1): 4-8.

[2] ACEMOGLU D, PASCUAL R. The race between man and machine: implications of technology for growth, factor shares, and employment[J]. American economic review, 2018, 108(6): 1488-1542.

[3] ACEMOGLU D, RESTREPO P. Artificial intelligence, automation and work[J]. National bureau of economic research, 2018: 197-236.

[4] ACEMOGLU D, RESTREPO P. Automation and new tasks: how technology displaces and reinstates labor[J]. Journal of economic perspectives, 2019, 33(2): 3-30.

[5] ACEMOGLU D, VERONICA G. Capital deepening and nonbalanced economic growth[J]. Journal of political economy, 2008, 116(3): 467-498.

[6] AGHION P, JONES B F, JONES C I, et al. Artificial intelligence and economic growth[J]. National bureau of economic research, 2017: 237-282.

[7] AUTIO E, NAMBISAN S, THOMAS L D, et al. Digital affordances, apatial affordances, and the genesis of entrepreneurial ecosystems[J]. Strategic entrepreneurship journal, 2018, 12(1): 72-95.

[8] BALDWIN R E. Agglomeration and endogenous capital[J]. European economic review, 1999, 43(2): 253-280.

[9] BARRO R J. Quantity and quality of economic growth[J]. Journal economía chilena, 2002, 5(2): 135-162.

[10] BASANTAVAL P. An efficient industrial big-data engine[J]. IEEE transactions on industrial informatics, 2018, 14(4): 1361-1369.

[11] BLOOM D E, MCKENNA M J, PRETTNER K. Global employment and decent jobs, 2010-2030: the forces of demography and automation[J]. International social security review, 2019, 72(3):43-78.

[12] BOWEN T S. Building collaboration[J]. Computerworld, 2001, 35(45): 39-40.

[13] BOX G P E,COX D R. An analysis of transformations[J]. Journal of the royal statal society, 1964, 26:211-252.

[14] BRYNJOLFSSON E, HITT L M, YANG S, et al. Intangible assets: how the interaction of computers and organizational structure affects stock market valuations[C]. International conference on information systems, 1998: 8-29.

[15] BRYNJOLFSSON E, ROCK D, SYVERSON C, et al. Artificial intelligence and the modern productivity paradox: a clash of expectations and statistics[J]. National bureau of economic research, 2017: 23-57.

[16] CHOW G C, LI K. China's economic growth: 1952—2010[J]. Economic development and cultural change, 2002, 51(1): 247-256.

[17] COHEN LE, FELSON M. Social Change and crime rate trends: a routine activity approach[J]. American sociological review, 1979,44(4):588-608.

[18] COX M, ELLSWORTH D S. Application-controlled demand paging for out-of-core visualization[C]. IEEE visualization, 1997: 235-244.

[19] CURRAN C S, BRÖRING S, LEKER J. Anticipating converging industries using publicly available data[J]. Technological forecasting and social change, 2010, 77(3): 385-395.

[20] DOSI G. Technological paradigms and technological trajectories: a suggested interpretation of the determinants and directions of technical change[J]. Research policy, 1982, 11(3): 147-162.

[21] ENOS J L. Invention and innovation in the petroleum refining industry[M]. New Jersey: Princeton university press, 1962.

[22] EYLON D. Understanding empowerment and resolving its paradox: lessons from mary parker follett[J]. Journal of management history, 1998, 4(1):16-28.

[23] FLORIDI L. Big data and their epistemological challenge[J]. Philosophy & Technology, 2012, 25 (4): 435-437.

[24] FOSTER C, GRAHAM M, MANN L, et al. Digital control in value chains: challenges of connectivity for east african firms[J]. Economic geography, 2018, 94(1):68-86.

[25] FREEMAN C, PEREZ C. Structural crises of adjustment, business cycles and investment behaviour[J]. Technology, organizations and innovation: theories, concepts and paradigms, 1988: 38-66.

[26] GHASEMAGHAEI M, EBRAHIMI S, HASSANEIN K, et al. Data analytics competency for improving firm decision making performance[J]. Journal of strategic information systems, 2018, 27(1): 101-113.

[27] GRAETZ G, MICHAELS G. Robots at Work[J]. The review of economics and statistics, 2018, 100(5): 753-768.

[28] HAKEN H, WUNDERLIN A, YIGITBASI S. An introduction to synergetics[J]. Open systems & information dynamics, 1995, 3 (1) : 97-130.

[29] HOLMSTROM J. Recombination in digital innovation: Challenges, opportunities, and the importance of a theoretical framework[J]. Information and organization, 2018, 28 (2) : 107-110.

[30] KANTER, R M. Powerlessness corrupts[J]. Harvard business review, 2010, 88 (7) : 36-42.

[31] KARINE Y, JOHN J, MARYAM A. Economic growth with trade in factors of production[J]. International economic review, 2014, 55 (1) :223-254.

[32] KARVONEN M, LEHTOVAARA M, KASSI T. Build-up of understandiing of technological convergence: evidence from printed intelligence industry[J]. International journal of innovation and technology management, 2012, 9 (3) : 26-208.

[33] KERGROACH S. National innovation policies for technology upgrading through GVCs: A cross-country comparison[J]. Technological forecasting and social change, 2019: 258-272.

[34] KLUMP R, MCADAM P, WILLMAN A, et al. Factor substitution and factor-augmenting technical progress in the united states: a normalized supply-side system approach[J]. The review of economics and statistics, 2007, 89 (1) : 183-192.

[35] KMENTA J. On Estimation of the CES production function[J]. International economic review,1967, 8 (2) :180-189.

[36] KOKSAL G, BATMAZ I, TESTIK M C, et al. Review: a review of data mining applications for quality improvement in manufacturing industry[J]. Expert systems with applications, 2011, 38 (10) : 13448-13467.

[37] KROMANN L, MALCHOWMOLLER N, SKAKSEN J R, et al. Automation and productivity-a cross-country, cross-industry comparison[J]. Industrial and corporate change, 2019: 265-287.

[38] KUHN T S. The structure of scientific revolutions[M]. Chicago: University of Chicago press, 2012.

[39] KUSIAK A. Smart manufacturing must embrace big data[J]. Nature, 2017, 544 (7648) : 23-25.

[40] KUZNETS S. Modern economic growth: findings and reflections[J]. The American economic review, 1973, 63 (3) : 247-258.

[41] LABRINIDIS A, JAGADISH H V. Challenges and opportunities with big data[J]. Proceedings of the VLDB endowment, 2012, 5 (12) : 2032-2033.

[42] LENKA S, PARIDA V, WINCENT J. Digitalization capabilities as enablers of value cocreation in servitizing firms[J]. Psychology & Marketing, 2017, 34(1):92-100.

[43] LIU P, ZHANG W. A fault diagnosis intelligent algorithm based on improved bp neural network[J]. International journal of pattern recognition and artificial intelligence, 2019,33(9):157-176.

[44] LUCAS R E. On the mechanics of economic development[J]. Quantitative macroeconomics working papers, 1999, 22(1): 3-42.

[45] MAKRIDAKIS S. The forthcoming artificial intelligence (AI) revolution: its impact on society and firms[J]. Futures, 2017: 46-60.

[46] MCAFEE A, BRYNJOLFSSON E, DAVENPORT T H, et al. Big data: the management revolution[J]. Harvard business review, 2012, 90(10): 60-68.

[47] MLACHILA M, TAPSOBA R, TAPSOBA S, et al. A Quality of growth index for developing countries: a proposal[J]. Social indicators research, 2017, 134(2): 675-710.

[48] MOURTZIS D, VLACHOU E, MILAS N, et al. industrial big data as a result of iot adoption in manufacturing[J]. Procedia CIRP, 2016: 290-295.

[49] PATRIZIA G, GIANLUCA C, ROBERTA P, et al. Consumer empowerment in the digital economy: availing sustainable purchasing decisions[J]. Sustainability, 2017, 9(5):693.

[50] PEREZ C. Structural change and assimilation of new tech-nologies in the economic and social systems[J]. Futures, 1983, 15(5): 357-375.

[51] PORTER M E, HEPPELMANN J E. How smart, connected products are transforming competition[J]. Harvard business review, 2014, 92(11): 64-88.

[52] PORTER M E. The competitive advantage of nations[J]. Harvard business review, 1990, 68(2): 73-93.

[53] ROACH S S. America's technology dilemma: a profile of the information economy[M]. New York: Morgan stanley, 1987.

[54] ROMER P M. Endogenous technological change[J]. Journal of political economy, 1990, 98(5): 71-102.

[55] ROSENBERG N. Technological Change in the Machine Tool Industry, 1840—1910[J]. Journal of economic history, 1963, 23(4):414-443.

[56] SOLO C S. Innovation in the capitalist process: a critique of the schumpeterian theory[J]. The quarterly journal of economics, 1951,65(3): 417-428.

[57] SOLOW R M. Technical change and the aggregate production function[J]. Review of economics & statistics, 1957, 39(3):312-320.

[58] SPREITZER G. Giving peace a chance: organizational leadership, empowerment, and peace[J]. Journal of organizational behavior, 2007, 28(8): 1077-1095.

[59] TEECE D J. Profiting from innovation in the digital economy: Enabling Technologies, standards, and licensing models in the wireless world[J]. Research policy, 2018, 47(8): 1367-1387.

[60] VONBRIEL F, DAVIDSSON P, RECKER J C, et al. Digital technologies as external enablers of new venture creation in the it hardware sector[J]. Entrepreneurship theory and practice, 2018, 42(1): 47-69.

[61] WALKER S J. Big data: a revolution that will transform how we live, work, and think[J]. International journal of advertising, 2014, 33(1): 181-183.

[62] WAN J, TANG S, LI D, et al. A manufacturing big data solution for active preventive maintenance[J]. IEEE transactions on industrial informatics, 2017, 13(4): 2039-2047.

[63] YOO Y, BOLAND R J, LYYTINEN K, et al. Organizing for innovation in the digitized world[J]. Organization science, 2012, 23(5): 1398-1408.

[64] ZAKI M, THEODOULIDIS B, SHAPIRA P, et al. The role of big data to facilitate redistributed manufacturing using a co-creation lens: patterns from consumer goods[J]. Procedia CIRP, 2017: 680-685.

[65] ZHANG Y, MA S, YANG H, et al. A big data driven analytical framework for energy-intensive manufacturing industries[J]. Journal of cleaner production, 2018: 57-72.

[66] ZHANG Y, REN S, LIU Y, et al. A big data analytics architecture for cleaner manufacturing and maintenance processes of complex products[J]. Journal of cleaner production, 2017: 626-641.

[67] 托夫勒．第三次浪潮[M]．黄明坚，译．北京：中信出版社，1980.

[68] 马歇尔．经济学原理[M]．陈瑞华，译．西安：陕西人民出版社，2006.

[69] 卡马耶夫．经济增长的速度和质量[M]．陈华山，左东官，何剑,等译．武汉：湖北人民出版社，1983.

[70] 蔡昉．供给侧结构性改革的主要着眼点[N]．上海证券报，2015-12-31(012).

[71] 蔡旺春，李光明．中国制造业升级路径的新视角：文化产业与制造业融合[J]．商业经济与管理，2011, 2：58-63.

[72] 蔡跃洲，张钧南．信息通信技术对中国经济增长的替代效应与渗透效应[J]．经济研究，2015，50(12)：100-114.

[73] 曾繁华，何启祥，冯儒，等．创新驱动制造业转型升级机理及演化路径研究——基于全球价值链治理视角[J]．科技进步与对策，2015，32(24)：45-50.

[74] 曾菊芬，孙欣．技术创新对制造业高质量发展的影响研究[J]．合肥工业大学学报(社会科学版)，2020，34(5)：25-31, 125.

[75] 钞小静，惠康．中国经济增长质量的测度[J]．数量经济技术经济研究，2009，26(06)：75-86.

[76] 陈国青，吴刚，顾远东，等．管理决策情境下大数据驱动的研究和应用挑战——范式转变与研究方向[J]．管理科学学报，2018，21(7)：1-10.

[77] 陈汝影，余东华．资本深化、技术进步偏向与中国制造业产能利用率[J]．经济评论，2019, 3：3-17.

[78] 陈诗一，陈登科．雾霾污染、政府治理与经济高质量发展[J]．经济研究，2018，53(2)：20-34.

[79] 陈晓玲，徐舒，连玉君．要素替代弹性、有偏技术进步对我国工业能源强度的影响[J]．数量经济技术经济研究，2015，32(3)：58-76.

[80] 陈永伟，曾昭睿．机器人与生产率：基于省级面板数据的分析[J]．山东大学学报(哲学社会科学版)，2020, 2：82-97.

[81] 传忠，杜新建．第四次工业革命背景下全球价值链重构对我国的影响及对策[J]．经济纵横，2017, 4：110-115.

[82] 辞海编写组．辞海[M]．上海：上海辞书出版社，1989.

[83] 戴双兴．数据要素：主要特征、推动效应及发展路径[J]．马克思主义与现实，2020, 6：171-177.

[84] 戴天仕，徐现祥．中国的技术进步方向[J]．世界经济，2010，33(11)：54-70.

[85] 邓峰，任转转．互联网对制造业高质量发展的影响研究[J]．首都经济贸易大学学报，2020，22(3)：57-67.

[86] 董华，江珍珍．大数据驱动下制造企业服务化战略：基于“服务悖论”克服的视角[J]．南方经济，2018, 10：132-144.

[87] 付保宗，周劲．我国制造业高质量发展步入窗口期[J]．宏观经济管理，2020, 5：14-22.

[88] 傅为忠，储刘平．长三角一体化视角下制造业高质量发展评价研究——基于改进的CRITIC-熵权法组合权重的TOPSIS评价模型[J]．工业技术经济，2020，39(9)：145-152.

[89] 高敬峰，王彬．数字技术提升了中国全球价值链地位吗[J]．国际经贸探索，2020，36(11)：35-51.

[90] 高培勇，袁富华，胡怀国，等．高质量发展的动力、机制与治理[J]．经济研究，2020，55(04)：4-19.

[91] 桂昭明，郭广迪．生产要素参与分配的模式研究[J]．科技进步与对策，2002, 12：41-42.

[92] 郭凯明．人工智能发展、产业结构转型升级与劳动收入份额变动[J]．管理世界，2019,

35(7)：60-77, 202-203.

[93] 郭威．以数据要素红利推动实体经济高质量发展[N]．学习时报，2020-05-29(003)．

[94] 韩江波．智能工业化：工业化发展范式研究的新视角[J]．经济学家，2017(10)：21-30.

[95] 韩先锋，宋文飞，李勃昕．互联网能成为中国区域创新效率提升的新动能吗[J]．中国工业经济，2019, 7：119-136.

[96] 郝金磊，尹萌．分享经济：赋能、价值共创与商业模式创新——基于猪八戒网的案例研究[J]．商业研究，2018，61(5)：31-40.

[97] 何喜军，魏国丹，张婷婷．区域要素禀赋与制造业协同发展度评价与实证研究[J]．中国软科学，2016, 12：163-171.

[98] 胡贝贝，王胜光．互联网时代的新生产函数[J]．科学学研究，2017，35(9)：1308- 1312, 1369.

[99] 胡查平，汪涛．制造业服务化战略转型升级：演进路径的理论模型——基于 3 家本土制造企业的案例研究[J]．科研管理，2016，37(11)：119-126.

[100] 黄海峰，施展．中国制造业及其细分行业在全球价值链中的价值增值获取能力研究——基于投入产出和生产分割视角[J]．现代经济探讨，2017, 8：59-70.

[101] 黄群慧．改革开放 40 年中国的产业发展与工业化进程[J]．中国工业经济，2018, 9：5-23.

[102] 黄欣荣．大数据技术革命为什么会发生[J]．自然辩证法研究，2016，32(11)：109-113.

[103] 黄鑫．加快推动制造业高质量发展[N]．经济日报，2019-01-15(009)．

[104] 霍媛媛．以大数据技术驱动制造业转型升级[J]．人民论坛，2019, 25：54-55.

[105] 贾根良．第三次工业革命与工业智能化[J]．中国社会科学，2016, 6：87-106, 206.

[106] 贾妮莎，申晨．中国对外直接投资的制造业产业升级效应研究[J]．国际贸易问题，2016, 8：143-153.

[107] 大百科全部．简明不列颠百科全书(7 卷)[M]．中国大百科全书出版社《简明不列颠百科全书》编辑部，译．北京：中国大百科全书出版社，1986.

[108] 江小国，何建波，方蕾．制造业高质量发展水平测度、区域差异与提升路径[J]．上海经济研究，2019, 7：70-78.

[109] 江小国，何建波．从四个维度把握制造业高质量发展的推进路径[J]．改革与战略，2020, 36(11)：73-82.

[110] 蒋南平，向仁康．中国经济绿色发展的若干问题[J]．当代经济研究，2013, 2：50-54.

[111] 里夫金．零边际成本社会[M]．赛迪研究院专家组，译．北京：中信出版社，2014.

[112] 金碚．关于“高质量发展”的经济学研究[J]．中国工业经济，2018, 4：5-18.

[113] 佩蕾丝．技术革命与金融资本[M]．田方萌，译．北京：中国人民大学出版社，2007.

[114] 雷巧玲．授权赋能研究综述[J]．科技进步与对策，2006, 8：196-199.

[115] 李斌，刘苹．中国外贸发展方式对经济增长质量影响的实证研究[J]．经济问题探索，2012, 4：1-6.

[116] 李丹丹，王平田．全要素生产率、产品质量和企业亏损——基于 2015 年中国企业-员工匹配调查的实证研究[J]．华中科技大学学报(社会科学版)，2016，30(3)：93-101.

[117] 李杰．工业大数据：工业 4.0 时代的工业转型与价值创造[M]．北京：机械工业出版社，2015.

[118] 李静萍．数据资产核算研究[J]．统计研究，2020，37(11)：3-14.

[119] 李廉水，鲍怡发，刘军．智能化对中国制造业全要素生产率的影响研究[J]．科学学研究，2020，38(4)：609-618, 722.

[120] 李廉水，刘军，程中华，等．中国制造业发展研究报告 2019：中国制造 40 年与智能制造[M]．北京：科学出版社，2019.

[121] 李廉水，石喜爱，刘军．中国制造业 40 年：智能化进程与展望[J]．中国软科学，2019, 1：1-9, 30.

[122] 李廉水，杨浩昌，刘军．我国区域制造业综合发展能力评价研究——基于东、中、西部制造业的实证分析[J]．中国软科学，2014, 2：121-129.

[123] 李琳，刘莹．中国区域经济协同发展的驱动因素——基于哈肯模型的分阶段实证研究[J]．地理研究，2014，33, 9：1603-1616.

[124] 李清彬．推动大数据形成理想的生产要素形态[J]．中国发展观察，2018, 15：22-25.

[125] 李荣林，姜茜．我国对外贸易结构对产业结构的先导效应检验——基于制造业数据分析[J]．国际贸易问题，2010, 8：3-12.

[126] 李天柱，马佳，吕健露，等．大数据价值孵化机制研究[J]．科学学研究，2016，34(3)：321-329+345.

[127] 林民盾，杜曙光．产业融合：横向产业研究[J]．中国工业经济，2006, 2：30-36.

[128] 林毅夫．新结构经济学与中国发展之路[J]．中国市场，2012, 50：3-8.

[129] 林毅夫．要素禀赋比较优势与经济发展[J]．中国改革，1999, 8：3-5.

[130] 刘斌，魏倩，吕越，等．制造业服务化与价值链升级[J]．经济研究，2016，51(3)：151-162.

[131] 刘刚．基于网络空间的资源配置方式变革(上)[J]．上海经济研究，2019, 5：40-47.

[132] 刘国新，王静，江露薇．我国制造业高质量发展的理论机制及评价分析[J]．管理现代化，2020，40(3)：20-24.

[133] 刘怀兰，惠恩明，等．工业大数据导论[M]．北京：机械工业出版社，2019.

[134] 刘辉锋．抓住技术革命机会窗口的理论、历史与对策[J]．科技管理研究，2018，38(3)：37-41．

[135] 刘平峰，张旺．数字技术如何赋能制造业全要素生产率[J]．科学学研究，2021，8：1396-1406．

[136] 刘思明，张世瑾，朱惠东．国家创新驱动力测度及其经济高质量发展效应研究[J]．数量经济技术经济研究，2019，36(4)：3-23．

[137] 刘伟．经济新常态与供给侧结构性改革[J]．管理世界，2016, 7：1-9．

[138] 刘烨，胡昌平，张国政．基于工业大数据的产品质量改进新模式的探索和研究[J]．计算机应用与软件，2019，36(12)：329-333．

[139] 刘祎，王玮，苏芳．工业大数据背景下企业实现数字化转型的案例研究[J]．管理学刊，2020，33(1)：60-69．

[140] 刘祎，王玮．工业大数据资源转化为竞争优势的内在机理——基于资源编排理论的案例研究[J]．华东经济管理，2019，33(12)：163-170．

[141] 刘玉奇，王强．数字化视角下的数据生产要素与资源配置重构研究——新零售与数字化转型[J]．商业经济研究，2019, 16：5-7．

[142] 刘昭洁．数字经济背景下的产业融合研究[D]．北京：对外经济贸易大学，2018：20-26．

[143] 刘志彪．理解高质量发展：基本特征、支撑要素与当前重点问题[J]．学术月刊，2018，50(7)：39-45, 59．

[144] 刘志彪，凌永辉．结构转换、全要素生产率与高质量发展[J]．管理世界，2020，36(7)：15-29．

[145] 柳卸林，董彩婷，丁雪辰．数字创新时代：中国的机遇与挑战[J]．科学学与科学技术管理，2020，41(6)：3-15．

[146] 路甬祥．推动制造业高质量发展加快建设制造强国[J]．中国科技产业，2018, 8：10-11．

[147] 罗以洪．大数据人工智能区块链等 ICT 促进数字经济高质量发展机理探析[J]．贵州社会科学，2019, 12：122-132．

[148] 罗仲伟，李先军，宋翔，等．从“赋权”到“赋能”的企业组织结构演进——基于韩都衣舍案例的研究[J]．中国工业经济，2017，34(9)：174-192．

[149] 吕明元，苗效东．大数据能促进中国制造业结构优化吗[J]．云南财经大学学报，2020，36(3)：31-42．

[150] 吕铁，韩娜．智能制造：全球趋势与中国战略[J]．人民论坛·学术前沿，2015, 11：6-17．

[151] 吕铁，刘丹．制造业高质量发展：差距、问题与举措[J]．学习与探索，2019, 1：111-117．

[152] 吕文晶，陈劲，刘进．工业互联网的智能制造模式与企业平台建设——基于海尔集团的案例研究[J]．中国软科学，2019, 7：1-13．

[153] 马珩，李东．长三角制造业高级化测度及其影响因素分析[J]．科学学研究，2012，30(10)：1509-1517.

[154] 马健．产业融合理论研究评述[J]．经济学动态，2002, 5：78-81.

[155] 马永伟．工匠精神与中国制造业高质量发展[J]．东南学术，2019, 6：147-154.

[156] 马宗国，曹璐．制造企业高质量发展评价体系构建与测度——2015—2018 年 1881 家上市公司数据分析[J]．科技进步与对策，2020，37(17)：126-133.

[157] 毛蕴诗，汪建成．基于产品升级的自主创新路径研究[J]．管理世界，2006, 5：114-120.

[158] 孟凡生，赵刚．创新柔性对制造企业智能化转型影响机制研究[J]．科研管理，2019，40(4)：74-82.

[159] 苗圩．推动制造业高质量发展[N]．人民日报，2019-04-15(012).

[160] 楠玉，刘霞辉．中国区域增长动力差异与持续稳定增长[J]．经济学动态，2017, 3：86-96.

[161] 聂长飞，简新华．中国高质量发展的测度及省际现状的分析比较[J]．数量经济技术经济研究，2020，37(2)：26-47.

[162] 彭树涛，李鹏飞．中国制造业发展质量评价及提升路径[J]．中国特色社会主义研究，2018, 5：34-40, 54.

[163] 戚聿东，李颖．新经济与规制改革[J]．中国工业经济，2018, 3：5-23.

[164]萨伊．政治经济学概论[M]．陈福生, 陈振骅, 译．北京：商务印书馆，1963.

[165] 任保平，钞小静，魏婕，等．中国经济增长质量报告(2012)[M]．北京：中国经济出版社，2012.

[166] 任保平，豆渊博．“十四五”时期新经济推进我国产业结构升级的路径与政策[J]．经济与管理评论，2021，37(1)：10-22.

[167] 任保平，文丰安．新时代中国高质量发展的判断标准、决定因素与实现途径[J]．改革，2018, 4：5-16.

[168] 任保平．数字经济引领高质量发展的逻辑、机制与路径[J]．西安财经学院学报，2020，33(2)：5-9.

[169] 尚会永，白怡珺．中国制造业高质量发展战略研究[J]．中州学刊，2019, 1：23-27.

[170] 盛磊．以数据要素资源助推经济高质量发展[J]．人民论坛·学术前沿，2020, 17：13-21.

[171] 石中金，单寅．认识数据要素市场，助力数字经济高质量发展[J]．互联网天地，2020, 6：38-39.

[172] 宋洋．经济发展质量理论视角下的数字经济与高质量发展[J]．贵州社会科学，2019, 11：102-108.

[173] 王颂吉，李怡璇，高伊凡．数据要素的产权界定与收入分配机制[J]．福建论坛(人文社会科学版)，2020, 12：138-145.

[174] 苏杭，郑磊，牟逸飞．要素禀赋与中国制造业产业升级——基于 WIOD 和中国工业企业数据库的分析[J]．管理世界，2017, 4：70-79.

[175] 苏永伟．中部地区制造业高质量发展评价研究——基于 2007—2018 年的数据分析[J]．经济问题，2020, 9：85-91, 117.

[176] 孙家广．工业大数据[J]．软件和集成电路，2016, 8：22-23.

[177] 孙立，焦微玲．工业大数据驱动下知识发现与知识服务构建研究[J]. 情报理论与实践，2017，40(11)：86-89, 104.

[178] 孙新波，苏钟海. 数据赋能驱动制造业企业实现敏捷制造案例研究[J]. 管理科学，2018，31(5)：117-130.

[179] 唐未兵，傅元海，王展祥．技术创新、技术引进与经济增长方式转变[J]．经济研究，2014，49(7)：31-43.

[180] 唐晓华，孙元君．环境规制对中国制造业高质量发展影响的传导机制研究——基于创新效应和能源效应的双重视角[J]．经济问题探索，2020, 7：92-101.

[181] 唐要家，唐春晖．数据要素经济增长倍增机制及治理体系[J]．人文杂志，2020, 11：83-92.

[182] 汤铎铎，刘学良，倪红福，等．全球经济大变局、中国潜在增长率与后疫情时期高质量发展[J]．经济研究，2020，55(8)：4-23.

[183] 童有好．“互联网+制造业服务化”融合发展研究[J]．经济纵横，2015, 10：62-67.

[184] 涂子沛．大数据：正在到来的数据革命[M]．南宁：广西师范大学出版社，2013.

[185] 汪德华，江静，夏杰长．生产性服务业与制造业融合对制造业升级的影响——基于北京市与长三角地区的比较分析[J]．首都经济贸易大学学报，2010, 2：15-22.

[186] 王建冬，童楠楠．数字经济背景下数据与其他生产要素的协同联动机制研究[J]．电子政务，2020, 3：22-31.

[187] 王建民．工业大数据技术综述[J]．大数据，2017，3(6)：3-14.

[188] 王俊，陈国飞．“互联网+”、要素配置与制造业高质量发展[J]. 技术经济，2020，39 (9)：61-72.

[189] 王岚. 融入全球价值链对中国制造业国际分工地位的影响[J]. 统计研究，2014，31(5)：17-23.

[190] 王梦菲，张昕蔚．数字经济时代技术变革对生产过程的影响机制研究[J]．经济学家，2020, 1：52-58.

[191] 王铁山．基于大数据的制造业转型升级[J]．西安邮电大学学报，2015，20(5)：79-83.

[192] 王欣．信息产业发展机理及测度理论与方法研究[M]．长春：吉林大学出版社，2010.

[193] 王永龙，余娜，姚鸟儿．数字经济赋能制造业质量变革机理与效应——基于二元边际

的理论与实证[J]. 中国流通经济，2020，34(12)：60-71.

[194] 王玉燕，王婉. GVC 嵌入、创新型人力资本与制造业高质量发展——基于“新发展理念”的影响机制分析与效应检验[J]. 商业研究，2020, 5：67-76.

[195] 王中亚. 制造业高质量发展评价指标体系构建与实证：以中部地区为例[J]. 科技经济导刊，2020，28(35)：167-169.

[196] 魏江，刘洋. 数字创新[M]. 北京：机械工业出版社，2020.

[197] 魏婕，任保平. 中国各地区经济增长质量指数的测度及其排序[J]. 经济学动态，2012, 4：27-33.

[198] 魏敏，李书昊. 新时代中国经济高质量发展水平的测度研究[J]. 数量经济技术经济研究，2018，35(11)：3-20.

[199] 温忠麟，叶宝娟. 中介效应分析：方法和模型发展[J]. 心理科学进展，2014，22(5)：731-745.

[200] 吴超. 从原材料到资产——数据资产化的挑战和思考[J]. 中国科学院院刊，2018，33(8)：791-795.

[201] 吴声功. 劳动价值论与生产要素论的难题解述[J]. 学海，2002, 3：22-29.

[202] 谢康，夏正豪，肖静华. 大数据成为现实生产要素的企业实现机制：产品创新视角[J]. 中国工业经济，2020, 5：42-60.

[203] 谢雄标，吴越，严良. 数字化背景下企业绿色发展路径及政策建议[J]. 生态经济，2015，31(11)：88-91.

[204] 谢子远，张海波. 产业集聚影响制造业国际竞争力的内在机理——基于中介变量的检验[J]. 国际贸易问题，2014, 9：24-35.

[205] 辛国斌. 以制造业高质量发展引领建设制造强国[J]. 中国科技产业，2018, 8：12-13.

[206] 邢小强，周平录，张竹，等. 数字技术、BOP 商业模式创新与包容性市场构建[J]. 管理世界，2019，35(12)：116-136.

[207] 徐斌，徐寿波. 生产要素层次理论[J]. 北京交通大学学报(社会科学版)，2006, 4：15-18.

[208] 徐琳，李紫薇. 数据成为生产要素后的国家治理现代化[J]. 中共党史研究，2020, 5：17-26.

[209] 徐现祥，李书娟，王贤彬，等. 中国经济增长目标的选择：以高质量发展终结“崩溃论”[J]. 世界经济，2018，41(10)：3-25.

[210] 徐颖，李莉. 制造业大数据的发展与展望[J]. 信息与控制，2018，47(4)：421-427.

[211] 徐宗本，冯芷艳，郭迅华，等. 大数据驱动的管理与决策前沿课题[J]. 管理世界，2014，11：158-163.

[212] 许卫华. 国家粮食主产区制造业高质量发展指标体系的构建——以河南省为例[J]. 中

国物价，2019, 2：44-46.

[213] 许宪春，任雪，常子豪. 大数据与绿色发展[J]. 中国工业经济，2019, 4：5-22.

[214] 杨汝岱. 中国制造业企业全要素生产率研究[J]. 经济研究，2015，50(2)：61-74.

[215] 杨伟民. 贯彻中央经济工作会议精神推动高质量发展[J]. 宏观经济管理，2018, 2：13-17.

[216] 姚芳. 要素禀赋对要素密集型制造业增长的影响研究——基于各省区机械电子制造业的分析[J]. 经济问题探索，2016, 3：30-41.

[217] 余东华. 产业融合与产业组织结构优化[J]. 天津社会科学，2005, 3：72-76.

[218] 余东华. 制造业高质量发展的内涵、路径与动力机制[J]. 产业经济评论，2020, 1：13-32.

[219] 余江，孟庆时，张越，等. 数字创新：创新研究新视角的探索及启示[J]. 科学学研究，2017，35(7)：1103-1111.

[220] 于立，王建林. 生产要素理论新论——兼论数据要素的共性和特性[J]. 经济与管理研究，2020，41(4)：62-73.

[221] 余泳泽，杨晓章，张少辉. 中国经济由高速增长向高质量发展的时空转换特征研究[J]. 数量经济技术经济研究，2019，36(6)：3-21.

[222] 原毅军，陈喆. 环境规制、绿色技术创新与中国制造业转型升级[J]. 科学学研究，2019，37(10)：1902-1911.

[223] 张峰，薛惠锋. 制造业“解锁”能力指数构建及驱动要素测度[J]. 经济与管理研究，2017，38(2)：112-124.

[224] 张凤海，徐丽娜，侯铁珊. 关于技术创新概念界定的探讨[J]. 生产力研究，2010, 3：26-27.

[225] 张慧明，蔡银寅. 中国制造业如何走出“低端锁定”——基于面板数据的实证研究[J]. 国际经贸探索，2015，31(1)：52-65.

[226] 张洁，秦威，鲍劲松，等. 制造业大数据[M]. 上海：上海科学技术出版社，2016.

[227] 张昕蔚. 数字经济条件下的创新模式演化研究[J]. 经济学家，2019(7)：32-39.

[228] 张军，吴桂英，张吉鹏. 中国省际物质资本存量估算：1952—2000[J]. 经济研究，2004，10：35-44.

[229] 张军扩，侯永志，刘培林，等. 高质量发展的目标要求和战略路径[J]. 管理世界，2019，35(7)：1-7.

[230] 张辽，吴耸杰. 信息技术能力对企业全要素生产率的影响——基于“增长效应”与“平滑效应”的比较视角[J]. 中南财经政法大学学报，2020, 2：57-67.

[231] 张璐阳，戚聿东. 数字技术背景集成电路产业颠覆创新模式构建[J]. 科学学研究，2021, 39(5):10.

[232] 张明超，孙新波，钱雨，等. 供应链双元性视角下数据驱动大规模智能定制实现机理的案例研究[J]. 管理学报，2018，15(12)：1750-1760.

[233] 张明志，季克佳. 人民币汇率变动对中国制造业企业出口产品质量的影响[J]. 中国工业经济，2018, 1：5-23.

[234] 张涛. 高质量发展的理论阐释及测度方法研究[J]. 数量经济技术经济研究，2020，37(5)：23-43.

[235] 张旺，程慧平. 科学数据开放共享策略机制及优化路径研究[J]. 情报杂志，2020，39(5)：154-161.

[236] 张卫，丁金福，纪杨建，等. 工业大数据环境下的智能服务模块化设计[J]. 中国机械工程，2019，30(2)：167-173, 182.

[237] 张文会，乔宝华. 构建我国制造业高质量发展指标体系的几点思考[J]. 工业经济论坛，2018，05(4)：27-32.

[238] 张幼文. 生产要素的国际流动与全球化经济的运行机制[J]. 国际经济评论，2013, 5：30-39, 4-5.

[239] 张于喆. 数字经济驱动产业结构向中高端迈进的发展思路与主要任务[J]. 经济纵横，2018, 9：85-91.

[240] 张志武. 关于按生产要素分配的思考[J]. 经济评论，2000, 2：7-9.

[241] 张志元，李兆友. 新常态下我国制造业转型升级的动力机制及战略趋向[J]. 经济问题探索，2015, 6：144-149.

[242] 张宗斌，郝静. 基于 FDI 视角的中国制造业结构升级研究[J]. 山东社会科学，2011, 5：151-155.

[243] 郑树泉，宗宇伟，董文生，等. 工业大数据架构与应用[M]. 上海：上海科学技术出版社，2017.

[244] 郑玉雯，薛伟贤. 丝绸之路经济带沿线国家协同发展的驱动因素——基于哈肯模型的分阶段研究[J]. 中国软科学，2019, 2：78-92.

[245] 郑玉歆. 全要素生产率的再认识——用 TFP 分析经济增长质量存在的若干局限[J]. 数量经济技术经济研究，2007, 9：3-11.

[246] 植草益. 产业组织论[M]. 北京：中国人民大学出版社，1988.

[247] 植草益. 信息通讯业的产业融合[J]. 中国工业经济，2001, 2：24-27.

[248] 周大鹏. 制造业服务化对产业转型升级的影响[J]. 世界经济研究，2013, 9：17-22, 48+87.

[249] 周济. 制造业数字化智能化[J]. 中国机械工程，2012，23(20)：2395-2400.

[250] 周济. 智能制造——“中国制造 2025”的主攻方向[J]. 中国机械工程，2015，26(17)：

2273-2284.

[251] 周文辉，邓伟，陈凌子．基于滴滴出行的平台企业数据赋能促进价值共创过程研究[J]．管理学报，2018，15(8)：1110-1119.

[252] 周文辉，杨苗，王鹏程，等．赋能、价值共创与战略创业：基于韩都与芬尼的纵向案例研究[J]．管理评论，2017，29(7)：258-272.

[253] 周长富，杜宇玮．代工企业转型升级的影响因素研究——基于昆山制造业企业的问卷调查[J]．世界经济研究，2012, 7：23-28，86-88.

[254] 周振华．产业融合拓展化的过程及其基本含义[J]．社会科学，2004, 5：5-12.

[255] 周振华．产业融合中的市场结构及其行为方式分析[J]．中国工业经济，2004, 2：11-18.

[256] 朱勤，孙元，周立勇．平台赋能_价值共创与企业绩效的关系研究[J]．科学学研究，2019，39(11)：2026-2043.

[257] 卓乘风，邓峰．基础设施投资与制造业贸易强国建设——基于出口规模和出口技术复杂度的双重视角[J]．国际贸易问题，2018, 11：104-119.

后　记

中国经济处于由高速增长阶段转向高质量发展阶段的攻关期，工业大数据源于工业，必将兴于工业。工业大数据具有强融合性和流动性，在制造业领域能够大展宏图。但目前关于工业大数据与制造业融合的研究十分匮乏。因此，面向制造业高质量发展的重大需求，本书在教育部人文社科项目的支持下，融合生产要素理论、技术创新理论、产业融合理论和数据赋能理论，将工业大数据与制造业高质量发展结合起来，按照“文献归纳—理论梳理—案例导入—机理解析—实证检验—对策建议”的顺序展开系列研究。本书不仅从纵向和横向维度拓展了制造业高质量发展水平评价指标体系，并且遵循“典型案例导入—价值孵化机制—赋能支撑技术—赋能范式衍生—赋能机理解析”的逻辑，提出了工业大数据赋能制造业高质量发展的范式，即数据要素型赋能范式和数字技术型赋能范式，延伸了工业大数据作为新生产要素的内涵，这是对生产要素演进最新范式和规律的重要理论突破。进而，基于工业大数据赋能范式的不同特点，分别从数据要素和数字技术视角，开展工业大数据赋能机理实证研究。最后，提出工业大数据赋能制造业高质量发展的分类路径及相关对策建议，助力中国制造业迈向世界前列。

本书作者在武汉理工大学教授电子商务相关课程20余年，主持了2项与工业大数据和制造业发展相关的项目——教育部人文社科基金项目“面向制造业企业创新发展的工业大数据赋能机理与路径研究”（19YJA790057）、湖北省技术创新软科学项目“工业大数据赋能湖北省制造业企业创新发展的路径与政策”（2019ADC062），并累计获得与工业大数据和制造业发展相关的4项专利/软件著作权。本书倾注了作者多年积累的教学心得和项目研究成果。本书受到教育部人文社科基金项目“面向制造业企业创新发展的工业大数据赋能机理与路径研究”（项目编号：19YJA790057）的资助。

本书适合从事数字经济研究与实践的工作者、数字经济专业学习的研究生参考阅读，可以帮助读者理解工业大数据赋能制造业高质量发展的相关理论。